人気の中国料理

評判店の味づくりと技法

旭屋出版

人気の中国料理
評判店の味づくりと技法

目次

人気の中国料理
評判店の味づくりと技法

目次

本書をお読みになる前に

●紹介している料理の中には、お店で常時提供していないもの、季節限定で提供するものもあります。その製法やアイデアがよりよいメニューづくりの参考になるものとして掲載しています。

●材料の呼び名、使用する道具・機器の名称は、各店での呼称に準じているところもあります。

●料理名や自家製調味料の表記は、取材したお店の慣例に従っています。また、レシピの表記、作り方の表記、分量の単位、タレ・ソースの仕込み量は各店の表記に従って掲載しました。お店での作り方を紹介しているため、分量が出ていない料理もありますので、ご了承ください。

●レシピの材料欄では、揚げ油は基本的に省略しています。

●大さじ1は15mℓ、小さじ1は5mℓです。「適量」とあるものは、材料の状態や好みに応じて、ほどよい分量を合わせてください。

●作り方の説明の中の加熱温度、加熱時間などは、各店で使用している調理機器を使った場合のものです。

●掲載している料理の材料・作り方は、2019年の取材時のものです。盛り付け、付け合せ、器などは変わることがあります。

●掲載店の営業時間、定休日などのショップデータは、2019年5月現在のものです。

中国料理の新しい魅力を伝える店が人気を呼ぶ！

家庭料理でも親しまれてきた中国料理には、定番人気料理が多い。その定番メニューは、中国料理店で必須のメニューではあるが、それ以外の新しい料理で人気を呼んでいる中国料理店が増えている。

中国の古典料理を再現したり、また、地方の郷土料理をメニュー化したり、また、定番料理をベースに創作を加えたり。「こんな中国料理は初めて」、「こういう中国料理もあるんですね」など、感動や嬉しい驚きをお客様に与えるメニューを増やしていくことが、店のファンを増やすことにつながっている事例が中国料理店で増えている。中国料理とワインを一緒に味わう人も増え、中国料理の楽しみ方が広がっていることは確かで、それに合わせて新しい魅力の中国料理が求められている。

本書に登場する東京・大阪・京都・神戸の大評判店は、新しい魅力の中国料理で店の個性を追求している点で共通している。

中国菜

エスサワダ

1980年兵庫県生まれ。調理師学校卒業後、ホテルなどを経て「福臨門酒家」（香港）で修業。帰国後は「福臨門酒家」（名古屋）、「中華旬菜サワダ」（大阪・心斎橋）の料理長などを経て2016年11月独立。

オーナーシェフ

澤田州平

業界発展を目指し、素材重視・引き算の料理で躍進

２０１６年11月のオープン直後から予約が取りづらい店として知られる人気店「エスサワダ」。オーナーシェフの澤田州平氏は香港の「福臨門酒家」で経験を積んで帰国し、その後も多様な業態の店を経て独立を果たした。修業時代に澤田氏が感じたのは「中国料理はイメージが固定されていて、フランス料理や日本料理よりも格下に見られ、肩身が狭い。うま味調味料や油ばかり使っていると思われている」（澤田氏）という悔しい思い。そんな中で「日本の魅力を取り入れた新しい中華を手がけたい」と始めたのが同店。「四季折々の素材を取り入れて発信すれば、従来の中国料理へのイメージが払拭され、中国料理業界そのものが変わるのではないかと思ったのです」（澤田氏）

澤田氏が作るのは修業時代に学んだ「クリスピーチキン」（p.9）をはじめ、広東料理をベースに日本料理やフランス料理の技術、食材、考えを取り入れた料理。特に「業者との繋がりを大切にし、外に食べに行った時など、常にアンテナを張っている」と情報取集し、こだわる食材はハシリは使わず、旬の素材のみを使用。その時々の〝今〟を切り取るため、仕立ては食材からアプローチすることが多いという。味づくりにおいても例えば「季節の春巻き～」（p.11）のように、食材を重視して極力抑える調味への考え方はまるで日本料理のよう。「素材で勝負したいから、味はなるべく入れたくない」とまで澤田氏は言う。また今回紹介したどの料理も柑橘や薬味を添えるなど、「一皿で完結するのではなく、味の変化を楽しんでほしい」（澤田氏）と、お客の好みで味を変えて楽しめる趣向も同店の特徴だ。

現在、夜のコースは８０００円～とし、クリスピーチキンを組み込む1万円、食材のグレードが上がる1万２０００円、フカヒレ料理を組み込む1万５０００円を用意。コース構成は「フォアグラバーガー」（p.10）で始まり、前菜6種盛り合わせや淡い味わいの品、季節感を表現できる海鮮料理を挟んでから終盤へ向けてインパクトを高めて最初と最後を印象付け、さらに写真映えする点も重視して口コミにつなげている。

現在は酸の使い方を研究中という澤田氏。バル業態とオーベルジュの開業を間近に控えるなど、その活躍に目が離せない。

観光庁が集まる大阪・西天満、路面の立地。日替わり、担々麺、飲茶ランチを用意する昼1180円～も評判で、界隈のサラリーマンが押し寄せる。夜は40代以上の男性客が多く、接待利用が多い。

住所／大阪府大阪市北区西天満4-6-28ニュー真砂びる1F
電話／06-6809-1442
営業時間／11:30～13:00（L.O.）、17:00～21:00（L.O.）
定休日／不定休
規模／20坪・18席（ランチタイムはテーブルを増設し26席）
客単価／昼1180円　夜16000円

焼き上げると1羽丸ごとのクリスピーチキンを客前で披露。美味しい部分のみカットして提供する。

クリスピーチキン

澤田氏が初めて香港へ訪れた際に、その見た目と味に衝撃を受け「将来独立したら作りたい」と温めていた料理。香港の修業先の名物でもあり、技術を学び、研究した一品だ。現在使うのは「皮の厚みや脂ののり、旨味の質が気に入っている」(澤田氏)と話す栃木県産香鶏。五香粉塩を塗って湯で流し、酢と水飴を合わせたものをコーティングして乾かし、下揚げをしてスチコンで火入れし、仕上げに熱した油を約150回まわしかけて仕上げる。パリパリの儚い皮の食感と、繊細な火入れで肉汁を湛えた身の食感のコントラストが最大の魅力。店の看板料理として位置付け「多くの人に食べて欲しい」と、２名以上のお客に半羽から調理して提供する。五香粉塩、セロリ塩、山椒塩、豆板醤、赤酢を加えた鬼おろし、レモン、八角が香る赤酢を添え、味を変えて楽しんでもらう。(作り方p.12)

フォアグラバーガー

「心を掴むアミューズを」(澤田氏)と、開発したコースのスターター。酸味と甘みのバランスに優れた紅玉のスライスにキャラメリゼしたフォアグラの紹興酒漬けを重ね、鴨肉×プラムソースという広東料理の伝統的な組み合わせから、甘酸っぱいプラムソースを間に忍ばせた。キャラメリゼの香ばしさやフォアグラのコクや温度、ソースのとろける舌触り、リンゴの酸味などが渾然一体となり、紹興酒の香りが中国料理に着地させている。店名の焼印を圧した蒸しパンと一緒に提供し、そのまま食べたり、パンに挟んで楽しむ。西洋食材を取り入れ、シンプルながら食感や香りの妙、プレゼンテーションで楽しませる同店のスタイルが凝縮した一品といえる。（作り方p.14）

ホタルイカと春野菜の春巻き

オイスターソースで和えたホタルイカとホワイトアスパラガスを巻いた季節の春巻き。調味はアスパラガスに振った塩とホタルイカに和えたオイスターソースのみ。舌に当たると穏やかな塩味を感じる淡雪塩とスダチを仕上げに添え、好みで味を変えて楽しむ。究極にシンプルな味の構成に対して、富山県産ホタルイカや国産極太ホワイトアスパラガスなど、素材の味が要に。噛み締めるとホワイトアスパラガスの甘いジュースとホタルイカの味噌がほとばしり、香りが迫る。また「余分な生地が重なると口当たりが重くなる」（澤田氏）と、春巻きの皮を素材に合わせて落とすことも配慮。季節ごとに中身を変化させ、夏はアユを３枚におろして骨はせんべいにして身と一緒に巻いて揚げ、内臓はソースにするなど、旬を味わう一品として評判が高い。（作り方p.16）

切ると季節の素材がゴロッと入っていることが分かる。頬張ると素材の味が素直に伝わってくる。

クリスピーチキン

材料(1皿分)

栃木県産 香鶏(中抜きした丸鶏)…1.4~1.6kg1羽
五香粉塩…適量*1
水飴1対水1対米酢1を合わせたもの…適量
大豆油(揚げ油)…適量

*1
塩1kgに五香粉100gを合わせたもの。

1
鶏は首から手を入れて首の脂や食道を取り除く。中を洗って水気をしっかりペーパーで拭き取る。

2
あらかじめ混ぜ合わせた五香粉と塩を1の表面にまんべんなくまぶし、30分おく。

3
2に湯をかけて皮を縮ませる。
▶表面が張り、塩と皮が馴染む。

4
鍋に水飴と水、米酢を合わせて中火で加熱し沸かす。火を消して冷めたら3の表面に、全体的にツヤを帯びるまでまんべんなくかける。

5
4を吊るし、6時間~8時間扇風機の風を当てながら乾かす。触ってみて表面がサラリと乾燥した状態が目安。
▶乾燥する時間はその日の湿度や天気で異なる。ここで水分が残っていると、揚げた時に皮が理想的なパリバリ食感に仕上がらないため、表面がしっかり乾くまで乾燥させる。

6

「下揚げ」をする。低温に熱した大豆油を、約3分間を目安に5の鶏に回しかけ、表面を固める。油の温度は皮が油を弾く程度が目安。

▶油をかけた時、急激に鶏の皮が膨らむ温度は高温すぎてNG。

7

6をバットに置き、135℃のスチームコンベクションオーブンのオーブン機能で夏なら28分前後、冬なら30分焼く。取り出したら10分常温におき、余熱で火を入れる。

8

大豆油を熱し、7にまわしかける。皮の状態を見ながら油の温度を150℃~200℃まで徐々にゆっくり上げていく。回しかける回数は150回が目安。

▶ここでも急激に高い温度で揚げると皮が薄くなってしまう。油の温度に注意する。

9

大皿に8を盛り、まずは丸焼きを披露してからカットし、五香粉塩、セロリ塩、山椒塩、豆板醤、辛味大根の鬼おろしに赤酢を混ぜたおろし大根、レモン、赤酢と一緒に提供する。

フォアグラバーガー

材料（1人前）

カモ フォアグラの
　紹興酒漬け…20g*1
カソナード…適量
紅玉　スライス…1枚
プラムソース…小さじ1*2
蒸しパン…1個

*1
フォアグラ下処理
牛乳…適量（ひたひた程度）
塩…フォアグラの1%
白胡椒…フォアグラの0.2%
グラニュー糖…フォアグラの1%

フォアグラ漬け地（仕込み量）
日本酒（煮切ったもの）…35mℓ
赤酒（煮切ったもの）…900mℓ
紹興酒…225mℓ
濃口醤油…35mℓ

フォアグラのテリーヌ作り方
1 フォアグラは血管を取り除いて掃除して、バットに置き、ひたひたの牛乳に浸して蓋をするようにラップ紙を落とし、一晩冷蔵保存する。
2 1の水気を切って?塩、白胡椒、グラニュー糖をまんべんなく振る。蓋をするようにラップ紙を落として一晩冷蔵保存する。
3 漬け地の調味料をあわせ、2を浸して蓋をするようにラップ紙を落とし、一晩冷蔵保存する。
4 3をザルにあけて水気を切り、型に詰めて重石をする。
5 水を張ったバットに4の型を重ねて95℃のスチームコンベクションオーブンに入れ、芯温43℃に設定し約30分~40分湯煎する。
6 5の上に溜まった脂を切って型から一度取り出し、キッチンペーパーを巻いて型に入れ、重石を乗せて冷蔵保存する。翌日にもう一度ペーパーを換え、重石を乗せて冷蔵保存する。

*2
プラムソース（仕込み量）
■材料
南高梅 梅干し（種を取り除いたもの）
　…300g
水…120mℓ
パイナップル（フレッシュ）…100g
生姜（みじん切り）…15g
上白糖…240g
■作り方
1 種を取り除いた梅干しと水をミキサーで攪拌し、なめらかになったらパイナップルと生姜を加えてさらに攪拌する。
2 1を鍋にあけて弱火で加熱し、水分をとばす。
3 2に上白糖を加えて一度沸かし、混ぜ合わせたら氷を当てて冷ます。

1

フォアグラの紹興酒漬けを20gにカットする。

2

1にカソナードを振り、バーナーで炙る。

3

紅玉をスライスし、フォアグラの大きさに合わせて両端を落とす。

4

3を器に盛り、プラムソースを塗り、2を重ねる。

5

蒸しパンを蒸し、蒸しあがったら焼印を押す。

6

4と5を一緒に提供する。

ホタルイカと春野菜の春巻き

材料（1本分）

国産ホワイトアスパラガス
…1本
ホタルイカ…7杯
塩…適量
オイスターソース
…小さじ½
大豆油（揚げ油）…適量
春巻きの皮…1枚

仕上げ

すだち…½個
淡雪塩…適量

1

ホワイトアスパラガスはピーラーで皮をむいてカットし、180℃に熱した大豆油で油通しをして油を切ったら塩を振る。

2

ホタルイカは目と軟骨を取り除き、ボウルに入れてオイスターソースを加えて和える。

3

春巻きの皮を素材の大きさに合わせ、巻き終わりにくる余分な部分を切り落とす。

▶余分な箇所があると口当たりが悪くなり、重くなってしまう。

4

3の上に1と2を並べて巻く。巻き終わりに小麦粉を溶かした水（分量外）を塗って接着する。

5

180℃の油で皮がパリッとするまで約2分揚げる。油を切る。

6

器に盛り付け、すだちを添え、淡雪塩を振って提供する。

Chinese 酒場

炎技《エンギ》

オーナーシェフ

梅本大輔

ヒルトン大阪・中国料理「王朝」、リッツカールトン大阪・中国料理「香桃」ウエスティンホテル大阪・中国料理「故宮」などを経て、2017年にオーナーシェフで独立。

本格中国料理を、バル感覚で楽しんでもらう

外資系の高級ホテルの中華ダイニングで修業を積んだ梅本シェフがテーマにするのは、「カジュアルなのに本格派」。広東料理をベースにした本格派の中国料理を、バル感覚で気軽にお酒とともに楽しんでもらう店を目指している。

「カジュアル」は創作を優先するのではなく、あくまで基本は本格中国料理におく。たとえば、前菜で、ピータン豆腐は山椒ソースをかけてカクテル仕立てにしたり。また、春には、伝統的な老虎菜にカツオのたたきを組み合わせたり。エビのマヨネーズソース和えとイチジクやマンゴーなどの旬のフルーツを組み合わせたり。

そのほかに、カルパッチョ風の中華風刺身や、かぼちゃのムースの中華風フリットなど、親しみやすい出し方や旬の食材を使った新感覚の中国料理を出して、〝新しい味〟と〝新しい感動〟を発見してもらうことを目指し、オリジナリティあふれる料理を提供している。

器も中国料理らしさにとらわれないで、鉄鍋を使ったり、四角い皿、ガラス器など多彩に使う。

本格中国料理として、フカヒレ料理、魚一尾の蒸し料理など、広東料理の定番やシェアして食べる大皿料理も、素材にこだわった中国料理もレギュラーメニューとして多数用意する。お酒も、ビール、紹興酒の他、ワインやサワーなど幅広くそろえた。８皿で90分飲み放題付きコース（５５００円）もあり、宴会の利用も多い。

「白子入り四川麻婆豆腐」（p.21）のように、旬の食材を取り入れた料理をスポットで出す他、５～６品を月替わりで提供している。たとえば5月なら、「鰹の中華風たたき　柚子ソース添え」、「釜揚げシラスと梅肉の炒飯」、「蟹肉とアスパラガスの卵白炒め」、「香港式クリスピーチキン」。ココナッツパインサワー、自家製パイナップルケーキなど。女性客の割合が多いことを意識し、月替わりメニューにはサワーやデザートも加えている。

1階にはカウンターとテーブル席。2階にはテーブル席の他、個室、半個室、テーブル席を用意し、会社帰りのサラリーマンの利用や女子会の利用、家族づれの食事利用も多い。

2013年7月に大阪・福島7丁目にオープン。2017年6月に現在の福島4丁目に移転しリニューアルオープン。

住所／大阪府大阪市福島区福島4-2-65
電話／06-6131-9974
営業時間／17:00~23:00(L.O.22:30)
定休日／日曜日
http:www/Chinese-engi.com
規模／15坪・46席
客単価／4500円

毛沢東スペアリブ

かぶりつく姿がインスタ映えするので、SNSで一番紹介されることが多いメニューの一つ。中国・胡南省の名物料理。胡南出身の毛沢東が好んで食べた料理ということで「毛沢東」が料理名に付けられている。阿波ポークの骨付きスペアリブをカリッと揚げて、特製スパイスをまぶして仕上げる。特製スパイスは、揚げニンニクや揚げエシャロット、揚げねぎと胡椒、クミン、山椒、唐辛子などを炒めて香りを立たせてスペアリブとからめる。香りよく仕上げ、辛過ぎない味付けにしている。女性客には要望に応じて切り分けて提供する。（作り方p.22）

山芋の豚バラ巻き 黒酢ソース

夏の時期にスポットで出す人気メニュー。中国・江南地方の伝統料理をお酒に合うように仕上げた。豚バラ肉で山芋を巻いて揚げるので、肉だけの唐揚げより食べやすい。170℃の油で揚げたのち、200℃に温度を上げた油で揚げることで、外側の豚肉はカリッと、中の山芋はサクッとした食感にする。この外と中の食感の違いが楽しさとおいしさのポイント。たっぷりからめる黒酢ソースは、赤ワインを加えて作ることで甘過ぎない、さっぱりとした仕上がりに。素揚げした甘長しし唐、かぼちゃ、蓮根とともに盛り付ける。（作り方p.24）

白子入り四川麻婆豆腐

麻婆豆腐に使う麻婆ミンチは、1日に5kg使うほど、同店の大人気メニューの一つ。鉄鍋で、グツグツした状態で提供するので、アツアツを食べ進めることができる。また、そのグツグツしている様子を見て、「あれください」と注文するお客も多いという。タラの白子入りの麻婆豆腐は、12月～2月の、新鮮な白子が入荷する時季に提供。この時季は牡蠣入りの麻婆豆腐も出すことがあるが、白子入りのほうが人気がある。麻婆ミンチは牛挽き肉で作るとくどいので豚挽き肉で作っている。豆腐はくちどけを考えて、ソフト木綿豆腐を合わせた。（作り方p.22）

毛沢東スペアリブ

材料(3人前)

骨付スペアリブ
(阿波ポーク)…3本
スペアリブ下味…適量*1
毛沢東スパイス…適量*2
ねぎ(みじん切り)…適量
唐辛子粉…適量
イタリアンパセリ…適量

*1
スペアリブ下味
(肉1kgに対する分量)
■材料
塩…12g
醤油…10g
紹興酒…10g
おろしニンニク…20g
おろし生姜…20g
卵…3個
片栗粉…100g
薄力粉…100g

*2
毛沢東スパイス
■材料
揚げエシャロット…250g
揚げねぎ…250g
四川唐辛子…30g
チキンコンソメ…40g
干し海老…50g
白胡椒…3g
黒胡椒…3g
ピンクペッパー…3g
クミンパウダー…5g
炒りごま…5g
粉山椒…3g

1

骨付きスペアリブは、流水に浸けて血抜きをしてから、下味の材料を混ぜ合わせたもの全体にすりこんで1日漬ける。

2

下味を付けた骨付きスペアリブを180℃の油で揚げる。何度か油の中でひっくり返しながら、10~13分かけて全体を揚げて取り出す。

3

油の温度を200℃に上げて、2のスペアリブを戻して表面をカリッとさせる。

4

鍋を熱して、毛沢東スパイスの材料を合わせて火にかける。炒って香りを立たせる。

5

スパイスの香りが立ったら、揚げたスペアリブを合わせて全体にまぶす。皿に盛り付けて、鍋に残ったもう毛沢東スパイスを上からかける。

山芋の豚バラ巻き 黒酢ソース

材料（４人前）

豚バラ肉…12枚（1枚15g）
片栗粉…適量
山芋…1本15g×12
甘長しし唐…8本
かぼちゃ（薄切り）…8枚
蓮根（薄切り）…4枚
香菜…適量
豚バラの下味…適量＊1
黒酢ソース…適量＊2
水溶き片栗粉…適量
白ねぎ（せん切り）…適量
クコの実…適量
イタリアンパセリ…適量

＊1
豚バラの下味
■材料
卵
醤油
砂糖
白胡椒
紹興酒
片栗粉

＊2
黒酢ソース
■材料
水…180g
醤油…120g
中國醤油…30g
ザラメ…225g
赤ワイン…100g
黒酢…180g
■作り方
1 水、醤油を火にかける。
2 沸いたら、ザラメを入れて溶かし、赤ワイン、黒酢を合わせてひと煮立させる。

1

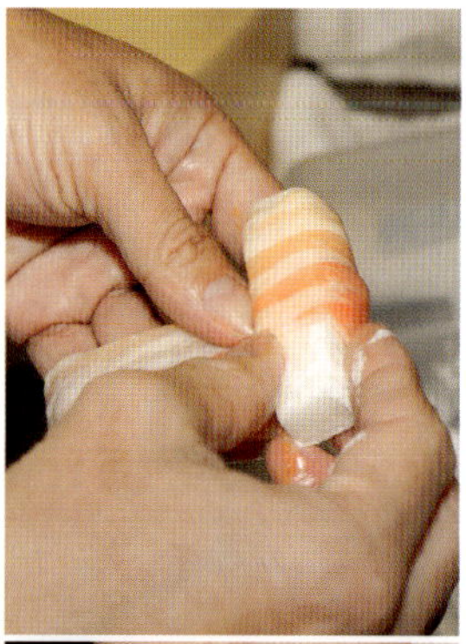

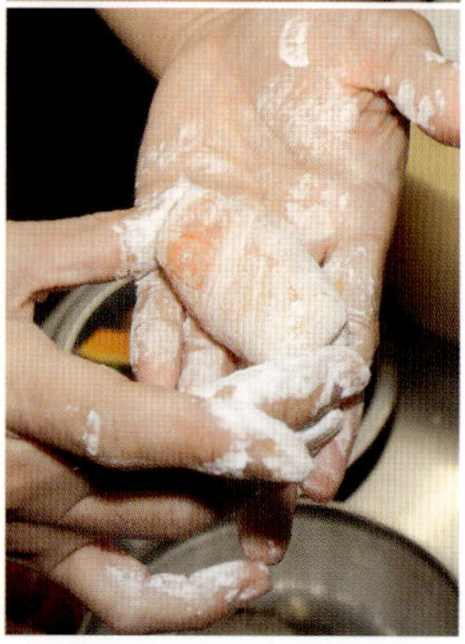

山芋は皮をむいて、2㎝角で長さ6㎝に切る。下味を付けた豚バラ肉の薄切りで巻いて、片栗粉をまぶす。

2

付け合わせの甘長しし唐、かぼちゃの薄切り、蓮根の薄切りを素揚げする。

3

1の山芋を豚バラ肉で巻いたものは、170℃の油で5分ほど揚げて取り出し、油の温度を200℃に上げて再び揚げて表面をカリッとさせる。

4

鍋に黒酢ソースを入れて熱して、水溶き片栗粉を加えてとろみをつける。

5

揚げた3を合わせて、上からソースをかけて手早くからめる。

6

素揚げした野菜、黒酢ソースをからめた5、白髪ねぎを皿に盛り付け、鍋に残った黒ずソースを山芋の豚バラ肉巻きにかける。

白子入り四川麻婆豆腐

材料(１人前)

タラの白子
ソフト木綿豆腐＊1
麻婆醤
紹興酒
鶏ガラスープ
醤油
唐辛子粉
花椒粉
ねぎ(みじん切り)
ニラ
水溶き片栗粉
ラー油
塩

＊1
麻婆醤
■材料
豚挽き肉…500g
豆板醤…20g
郫縣豆板醤…20g
ニンニク(みじん切り)…60g
生姜(みじん切り)…30g
豆豉醤…30g
甜麺醤…100g

■作り方
1 ニンニク、生姜を白絞油で炒め、続いて豚挽き肉を加えて炒める。
2 残りの材料を加えて、水分がなくなるまで炒める。

1

白子はさっと塩茹でしてザルにあげる。

2

麻婆ミンチを鍋に入れ、紹興酒、鶏ガラスープ、醤油と合わせて炊く。

3

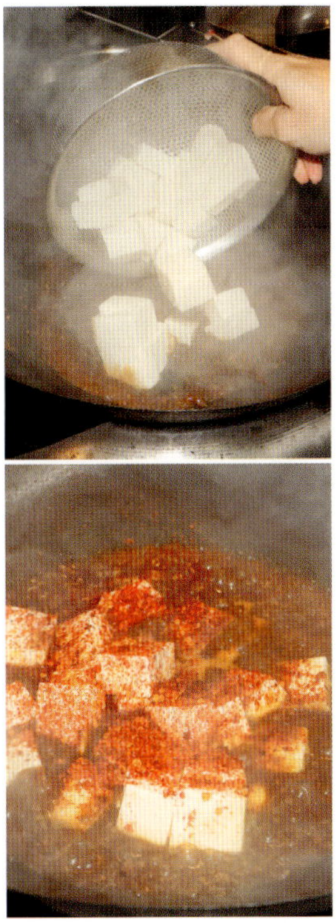

さいの目に切った豆腐を合わせて、唐辛子粉、花椒粉を合わせる。

4

塩茹でした白子をつぶさないようにしてそっと合わせる。

5

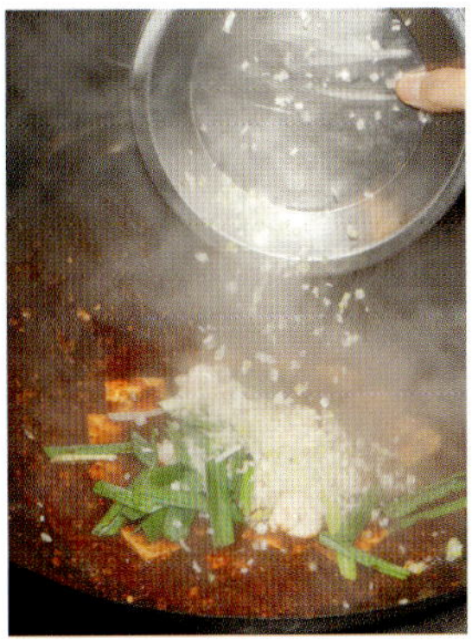

ねぎのみじん切り、葉ニンニクのぶつ切りも加え、鍋をふって合わせる。

6

水溶き片栗粉でとろみを付ける。

7

ラー油をまわしかける。

8

花椒粉をかけて熱くした鉄鍋に盛り付けて提供する。

中国料理

六徳恒河沙

リットクコウガシャ

店主

富永宗秀

1983年大阪府生まれ。高校卒業後、ワシントンホテル入社。中国料理厨房への配属をきっかけに料理の世界へ。2010年に退職し、「空心」（大阪・新町）、「際コーポレーション」の系列店を経て2016年8月独立。

巧みな〝強調と抑制〟で魅せる、現代の大衆中華

飲食店が連なる、大阪・福島の一角にある「六徳恒河沙」は2016年8月にオープン。麻婆豆腐と日替わり2品に絞り、1日8回転させる行列の昼に加え、夜も予約が取りづらい店として知られる人気店だ。

オーナーの富永 宗秀氏はホテルの中国料理レストランを経て、大胆な素材使いで知られる新町の繁盛店「酒中花 空心」で経験を積んだ。独立するうえで選んだ立地は、人気エリアのやや外れた公園前の静かな立地。一人で厨房に立つことを考えた10坪カウンター19席という小規模店だ。

「酒中花 空心」での経験や、修業中に訪れた中国での経験に大きく影響を受けたと話す富永氏が作るのは、中国現地で食べた料理に独自性を加えた料理や修業先で学んだ料理、炒飯や唐揚げ、餃子、焼売、麻婆豆腐など、日本で愛される大衆中華の代表的なメニューに独自性を加えた料理。「選ぶ楽しみが中国料理らしさ。皆が同じものを食べるのは面白くない」（富永氏）という考えから、アラカルトにこだわり、常時35品前後を用意する。

料理において富永氏が重視するのが「使うなら、主張しないと意味がない」（富永氏）と考える食材の強調と「攻めと抑え」（富永氏）という味づくりのバランス。例えば「アサリの麻辣担々麺」（p.31）では、唐辛子を強調しながらも、ベースのスープはあっさりした清湯とし、食後でもすっきり食べられる味に。また「香菜とナッツの炒飯」（p.30）では、塩味は抑えながらも香菜や金華ハム、ナンプラーの香りを強調。アクセントに使うカシューナッツは粒で加え、存在感を強める。また「連山回鍋肉」（p.29）では極厚切りにした豚肉にしっかり焼き目をつけて香ばしさや食べ応えを加え、炒めた香辛料のスモーキーな風味をまとわせて豚の美味しさを際立たせる。このように、特に香りは「余韻が残る料理を目指したい」（富永氏）と重視し、「香りを出すことでライブ感が増し、期待も高まる」（富永氏）とオープンキッチンの小規模店の特徴をうまく利用する。

今後は、現在注目する「ヴァン・ナチュールと料理を提案したい」と話す富永氏。親しみのある料理を含むメニューに独自性を加え、手頃な価格で楽しませるミニマムなカウンターというカジュアルなスタイルが、現代の大衆中華といえる。

大阪・福島の繁華街からやや離れた静かな立地にある、飲食店が連なる長屋の一角。常に賑わう9席のL字カウンターは30代以上の男女を4対6で集客。主に女性から支持されている。

住所／大阪府大阪市福島区福島5丁目15-2-101
電話／06-6454-3696
営業時間／11:30~14:00、18:00~22:00（L.O.）
金曜・土曜は~0:30（L.O.）
定休日／日曜日
規模／10坪・9席
客単価／昼1000円　夜4000円

連山回鍋肉

四川の名物料理をアレンジした主菜。熱湯に加え、40分かけてゆっくり火を入れた豚バラ肉塊を5㎜厚に切り、ラードで作る自家製白絞油と豚からにじみ出る油脂でカリッと炒め、豆板醤や豆豉、醤油、泡辣醤などで味付け。仕上げに葉ニンニクをたっぷり加えた。四川盆地にある山をイメージし、長さ20㎝以上の豚肉を大胆に使って山に盛る料理「連山回鍋肉」を、「分厚い豚肉をしっかり焼くのが、豚の美味しい食べ方」（富永氏）という考えから、肉塊から切り出した長さ25㎝、厚さ5㎜の豚バラ肉を焼き目がつくまで加熱した。味づくりにおいてはしっかり炒めたスパイスの焦げたニュアンスを豚にまとわせるほか、泡辣醤を加えて旨味と酸味を加え、豚の甘みと油脂の美味しさが引き立つ味わいに。大皿に盛り付け、見た目も食べ応えも見事な一品とした。（作り方p.32）

香菜とナッツの炒飯

人気グランドメニューで、シンプルながら香りで食べさせる一品。「日本のお米は旨味と甘味が強く、美味しすぎる」（富永氏）という考えから、味がのりやすいジャスミンライスを使うのがポイントで、塩味は金華ハムと仕上げに加えるナンプラーのみ。淡い味わいながら、ジャスミンライスや金華ハム、ナンプラーの豊かな香りと旨味が口いっぱいに広がり、ラードで作る自家製ねぎ油によるコクも味を支える。ホールのまま加えるカシューナッツの食感や甘味もアクセントに。お客の要望を取り入れ、途中で味を変化させるレモンを添える。（作り方p.34）

アサリの麻辣担麺

朝天辣椒や唐辛子で埋め尽くされたビジュアルがインパクトある麻辣担麺。朝天辣椒や唐辛子、麻辣醤のほか、五香粉でスパイス感を高め、ナンプラーで香りとコクをプラス。さらに旬のアサリの旨味を利用することで味に深みを加えた。麻・辣の辛味だけでなく、複雑な旨味と香りが一体となり、スープまで飲み干したい味わい。ベースとなるスープを清湯にすることで、「食事の最後に食べられるよう、旨味は濃いけれど食後感の軽い味」(富永氏)を狙った。ねぎや麻辣醤、五香粉をあらかじめ入れておいた器に、茹でた麺を加え、鍋で素早く振るった唐辛子やアサリを盛り付けるオペレーションも魅力。「せっかく使うなら、素材感を強調したい」と話す、富永氏の考えが現れた麺料理だ。（作り方p.36）

連山回鍋肉

材料（１皿分）

国産豚バラ肉（塊）…1kg
（1皿分は240g~250g）
白ねぎ頭…2本文
生姜（スライス）…4枚
白絞油…大さじ1

調味料A
豆豉醤…小さじ1
白ねぎ（みじん切り）
…小さじ1
ニンニク（みじん切り）
…小さじ1
生姜（みじん切り）
…小さじ1
豆豉…大さじ1
唐辛子…小さじ1
泡辣椒…3~4本
白ねぎ（斜め切り）
…ひとつかみ

調味料B
紹興酒…大さじ1
濃口醤油…大さじ1
砂糖…小さじ5
中国たまり醤油…大さじ2
清湯…少々

仕上げ
葉ニンニク…ふたつかみ
ごま油…大さじ1
ねぎ油…大さじ1
ラー油…大さじ3

1

鍋に湯を沸かし、白ねぎ頭、生姜を加えたら豚バラ肉の塊を加え、沸いたら火を止めて40分放置する。

2

1の豚肉を5㎜厚にスライスする。

3

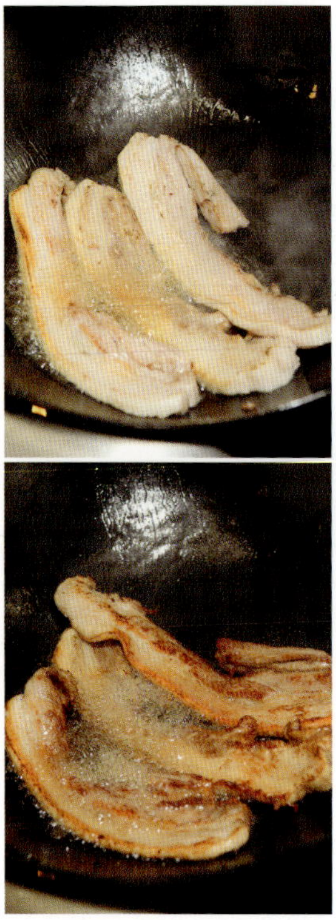

中華鍋に白絞油を多めにひき、2を加えて表面がカリッとなるまで鍋を回しながら油を肉に行き渡らせて両面を焼く。焼けたら取り出す。

4

中華鍋を中火にかけて白絞油をひき、調味料Aを順に鍋に加えて炒め、香りが出たら調味料Bを順に加える。

5

4に3の肉を戻し入れ、ざく切りにした葉ニンニクを加えて強火にし、ごま油、ねぎ油を加えて炒め、鍋肌からラー油を加えて炒め、盛り付ける。

香菜とナッツの炒飯

材料(1皿分)

白絞油…適量
卵…2個
ジャスミンライス
(炊いたもの)…210g
ニンニク(みじん切り)
…ひとつまみ
金華ハム…15g
砂糖…ひとつまみ
ねぎ油…5mℓ*1
白ねぎ(みじん切り)
…ひとつかみ
ナンプラー…大さじ1
カシューナッツ…50g

仕上げ

香菜…ひとつかみ
レモン…適量

*1
ねぎ油はラードに白ねぎ頭、玉ねぎ、生姜、山椒を加えて3時間強火で炊き、ねぎが焦げる手前で火を止めて濾したもの。

1

熱した鍋に白絞油をひき、溶きほぐした卵を加えたらすぐにジャスミンライスを加えて軽く混ぜる。

2

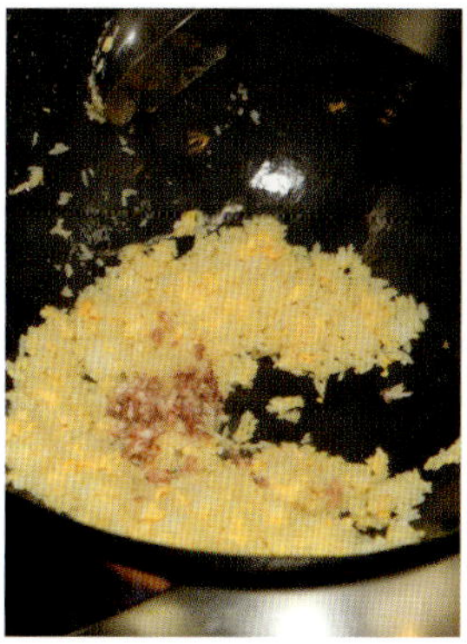

1が混ざったらみじん切りにしたニンニクを加え、香りが出たら金華ハムを加えて鍋を煽りながら炒める。

3

2に砂糖とねぎ油を加えてさらに鍋をあおって炒め、白ねぎ、ナンプラーを加えて炒め、仕上げにカシューナッツを丸ごとのまま加え、鍋をあおって合わせてから素早く盛り付ける。

4

3に香菜を盛り、くし切りにしたレモンを添えて提供する。

アサリの麻辣担麺

材料（1皿分）

ねぎ（みじん切り）…5g
麻辣醤…大さじ2*1
五香粉…少々
ねぎ油…適量
朝天辣椒…30g
唐辛子…20g
花椒…5g
アサリ…200g
紹興酒…大さじ1
清湯…500mℓ
中華麺…1玉

スープ味付け

濃口醤油…大さじ1
砂糖…小さじ1
塩…小さじ1
シーズニングソース
　…大さじ1
ナンプラー…大さじ1

仕上げ

ごま油…小さじ2
香菜…ひとつかみ

*1
唐辛子2対粉山椒1を合わせ、沸かした同量の白絞油を加えて1日常温におく。

1

器にみじん切りにしたねぎ、麻辣醤、五香粉を合わせておく。

2

鍋にねぎ油をひき、朝天辣椒、唐辛子、花椒を加えて炒め、香りが出たらみじん切りにしたねぎ、生姜、アサリを加え、すぐに紹興酒と清湯を加えて混ぜる。

3

2にスープ味付けの調味料を全て加え、アサリの口が開くまで炊く。

4

別の鍋に沸かした湯で麺を茹でる。

5

3にごま油を加えたら軽く炊き、1にスープを流して麻辣醤を溶かすように混ぜ合わせ、湯を切った4の麺を加える。アサリや唐辛子など具材を盛り付け、香菜を盛る。

中国菜

SHIN-PEI

シンペイ

1981年大阪府生まれ。調理師専門学校卒業後、大手中国料理店を経て「青藍」(大阪・谷町6丁目)で3年間シェフを勤める。その間、ワインに興味を持ち、ソムリエの資格を取得。2016年11月独立開業。

店主

中田真平

ナチュラルなワインと料理をテーマに、驚きをプラス

　修業先でワインに興味を持ったことをきっかけに、ソムリエの資格を取得。独立後は「中国料理とワインを提案する店を」と考えていた中田真平氏は、鮒鮨を出す料理店で発酵食品とヴァン・ナチュールの相性の良さに惹かれ、ナチュラルなワインと無化調の中国料理をコンセプトにすることを決意。「鮒鮨と同様、中国料理には発酵食品が多く、スパイスもワインと相性がいい。日本人が思う中華はこってり濃厚でオイリーですが、本来はあっさりした塩味が引き立つものもある。そうした料理とヴァン・ナチュールを合わせたいと思った」と話す。

　料理は、例えばクラシックな調理法を見直して現代的な火入れをおこなう「油淋鶏」(p.39)や素材感を点心で表現した「焼売」(p.40)など、「珍しい料理よりも皆が知っている料理を裏切って楽しませ、いい素材に日本人らしい解釈を加えて作りたい」(中田氏)と定番にひねりを加えて提供。「鴨胸肉の自家製豆豉醤炒め」(p.41)のように自家製発酵調味料を味の柱にしたり、丸鶏やモミジを使って加熱と休ませることを繰り返して作る清湯や旨味のある食材を重ねて旨味をダイレクトに伝えることを大切にし、さらにスパイスや季節感を加えて仕上げる。また、柑橘の酸や香りを効かせたり、糖を抑えてワインと合う味わいに。「ワインを飲むお客様ばかりではないため、各料理の味は決めつけず、間口を広くして柔軟に対応したい」と中田氏。例えばワインを飲むお客なら、飲んでいるワインに即興で味を寄せ、甘さや油脂、タレの量、とろみの濃度などを調整する。

　現在、夜は定番の5000円と1品増える6000円、季節の料理を加えた8000円の3本のコースと約35品のアラカルトを用意。複数の酒販店から仕入れるヴァン・ナチュールとペアリングを提案し、開業から3年目にはソムリエールを迎え入れサービスにも注力している。

　一方で昼はオフィス街の立地から、酢豚、麻婆豆腐、担々麺に絞って提供し、4回転する人気ぶり。昼13時~は1800円のランチコースも提供してさまざまなニーズに応えている。

大阪・肥後橋の一角にある、飲食店が連なるビルの路面の立地。昼はオフィスワーカーが行列を作り、夜はワインと料理、心地いいサービスを求め、食好きが集う落ち着いた雰囲気に。

住所/大阪大阪市西区靭本町1-1-18
電話/06-6447-7726
営業時間/11:30~14:30(14:00 L.O.)、17:30~22:30(21:00L.O.)
定休日/不定休
規模/10坪・15席
客単価/昼1000円　夜6000~7000円

SHIN-PEI式　油淋鶏

伝統的には下味を入れてから蒸し、風干しで乾燥させてから揚げる油淋鶏をスチコンを使って現代的な火入れを行なった温前菜。下味を入れた鶏肉をスチコンのコンビモードでスチームしながらローストして周りを焼き固めてから揚げることで、蒸した状態から揚げるよりも肉汁を閉じ込め、中はジューシーで皮はパリッとし仕上がる食感を狙った。また「骨の周りがおいしく、ジューシーな火入れができる最低限のポーション」(中田氏)として骨付きの鶏モモ肉を使用。力を入れるヴァン・ナチュールとのマッチングを狙い、タレに柚子果汁を効かせたり、付け合わせに柚子皮やごま油と和えたベビーリーフを添え、オレンジワインと合わせることを提案している。(作り方p.42)

イベリコ豚肩ロースとエビ　季節野菜の焼売

「もっちり肉汁が溢れる焼売のイメージを裏切り、素材をダイレクトに感じさせる焼売を作りたい」(中田氏) と開発。旨味の出る豚肩ロースやエビ、味を吸うシイタケ、食感のあるタケノコ、苦味を添える菜の花を組み合わせ、全て5㎜角と大胆に切って各素材の存在感を主張。つなぎや挽肉を一切使わず、塩や砂糖、醤油といったシンプルな味付けをして練った豚やエビの粘りだけでつないだ。なお豚肉は脂のついたイベリコ豚肩ロースを選び、イベリコ豚の良質な油脂やエビ、野菜の旨味を味の主軸に。口にするとゴロッとほどける素材の食感の差異や淡い塩味、濃厚で複雑味のある旨味が響く。季節ごとに野菜の内容を変化させ、コースに必ず組み込む料理で、夏は枝豆、秋はキノコ、冬は百合根やレンコンなどを使って季節感を表現する。(作り方p.44)

青森県産バルバリー鴨胸肉の自家製豆豉醤炒め

「味わいが濃く、浅い火入れが美味しい肉と発酵調味料が合う」(中田氏)考えから、豆豉醤と鴨を合わせた主菜。「柔らかな身質が魅力」と中田氏が話す青森県産バルバリー種の鴨ムネ肉の塊をフライパンで焼いて余分な油を落としてから70℃のスチコンで25分加熱。肉汁を休ませ、肉をカットしてから火の入りを和らげる卵液や白絞油などをもんでさっと揚げることで浅く火を入れ、仕上げに鍋でタレをからませた。豆豉醤の旨味に、ミ・キュイの鴨肉特有の鉄っぽい味わいが一体に。現代的な火入れと中国料理の技術を組み合わせた鴨肉に、季節の野菜を合わせ、仕上げにはワインと合うようピンクペッパーの華やかな香りを散りばめた一品だ。ワインは甘い豆豉醤とスパイスの味わいに、グルナッシュ・シラーを勧めている。（作り方p.46）

SHIN-PEI式 油淋鶏

材料（１皿分）

紀州梅鶏 骨付きモモ肉…1本
塩…2~3g
老酒…適量
五香粉…2g

タレA
濃口醤油…15g
酢…10g
砂糖…12g
中国たまり醤油（老抽玉）…6g
ごま油…少々
辣油…少々

タレB
ねぎ（みじん切り）…適量
生姜（みじん切り）…適量
にんにく（みじん切り）…少々
柚子果汁…適量

サラダ
ベビーリーフ…適量
塩…少々
ごま油…適量
柚子皮…少々

1

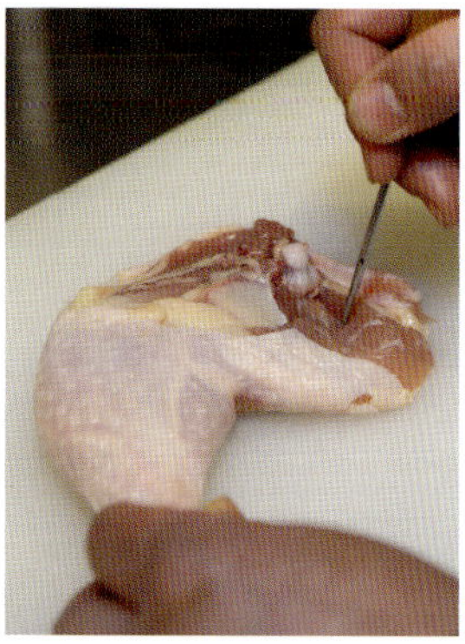

骨付き鶏モモ肉は金串で両面をまんべんなく刺し、穴を開ける。

2

1の裏表に塩と老酒をまぶしてもみ、ラップ紙で包んで1晩冷蔵保存する。

3

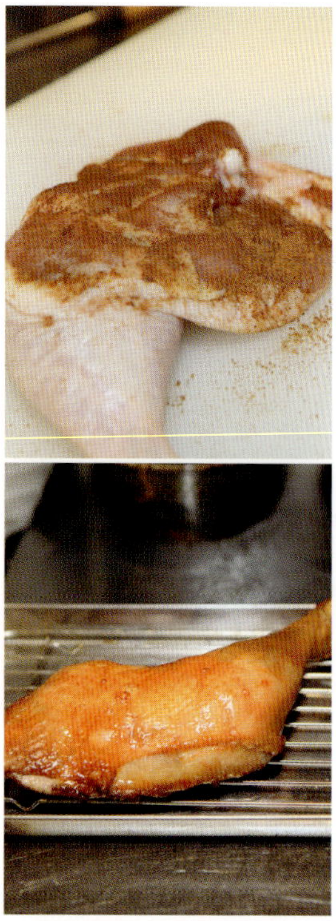

2の身の部分に五香粉を振ってなじませ、スチコンのコンビモードで220℃、湿度40%で10分~13分焼く。焼いたらバットに乗せ、風の当たる場所に置いて乾かす。
▶多く仕込む場合は、ここまで仕込み、ある程度乾燥したらラップ紙を張って冷蔵保存する。

4

中華鍋に白絞油を加えて150℃に熱し、ザーレンに3を置いて油を回しかける。徐々に油の温度を上げながら鶏モモ肉に油をまわしかけ、最終的に220℃まで上げて皮がパリッと張って、きつね色になるまで加熱する。仕上がったら少し置いて肉汁を休ませる。

5

ベビーリーフに塩、ごま油、せん切りにした柚子皮を合わせる。

6

タレAの調味料を全て混ぜ合わせ、みじん切りにしたタレBの薬味と合わせる。柚子果汁を絞って加える。

7

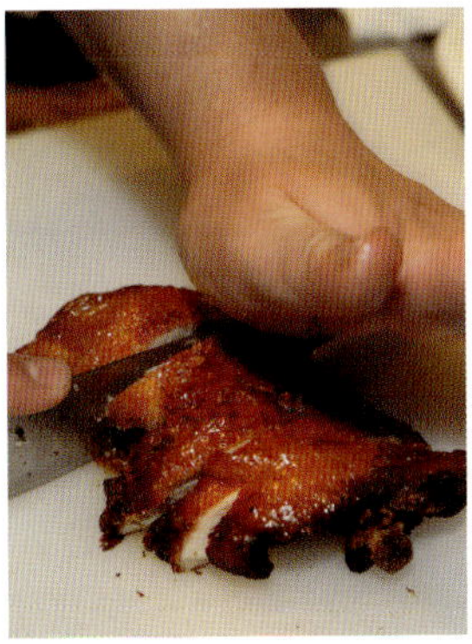

4の皮を破らないよう一口大に切って皿に盛り、6のタレを鶏モモ肉の脇に流し、5のサラダを添える。

▶鶏肉の皮のパリパリ感が重要なので、タレは直接皮にかけず、仕上げに薬味を少量だけかける程度にする。

イベリコ豚肩ロースとエビ 季節野菜の焼売

材料（7〜8個分）

むきエビ（バナメイ41/50）
…90g
イベリコ豚 肩ロース…50g
菜の花（茹でたもの）…20g
タケノコの水煮…20g
椎茸…1個

下味
塩…1g
胡椒…少々
砂糖…4g
濃口醤油…2g
生姜（みじん切り）…1g

ごま油…4g
焼売の皮…適量

1

むきエビ、イベリコ豚を5㎜角に切る。

2

茹でて氷水に落として水気を絞った菜の花、水気を切ったタケノコの水煮、軸を落とした椎茸を5㎜角に切る。

3

1に下味の調味料を全て加え、軽く粘りが出て、イベリコ豚がほぐれて手にまとわりついてくるまで練る。

4

3に2を合わせ、ごま油を加えて軽く混ぜる。

5

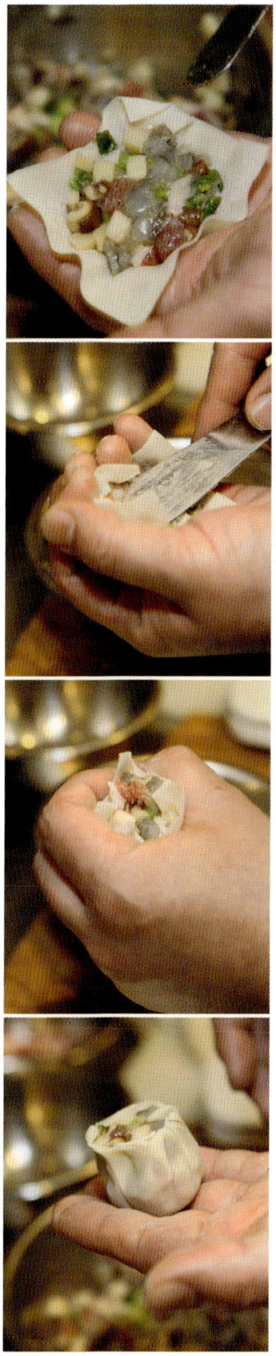

焼売の皮の中央に4のあんを約30g置き、ヘラであんを押し込みながら手のひらと指を使って皮を回転させ、空気を押し出しながらあんを包んでいく。

▶ここまで仕込み、冷凍保存もできる。あんにつなぎを使っていない分、あんに含まれる空気が外に出やすく、皮が破れやすいため、空気を抜きながら包むことがポイント。

6

5を蒸篭に置いて蓋をして、110℃のスチームコンベクションオーブンで10分蒸す。

▶工程5で冷凍した場合は、14分~15分蒸す。

青森県産バルバリー鴨胸肉の自家製豆豉醤炒め

材料（1皿分）

青森県産バルバリー
　鴨ロース…90g
子持ち高菜（アーサイ）…20g
あわび茸…15g
白絞油（揚げ油）…適量

下味1
塩…適量
胡椒…適量
紹興酒…適量
濃口醤油…適量

下味2
卵…適量
片栗粉…適量
白絞油…適量

仕上げ
白絞油…適量
ねぎ（みじん切り）…適量
生姜（みじん切り）…適量
ニンニク（みじん切り）…適量
紹興酒…適量
豆豉醤…小さじ1½＊1
清湯…40mℓ
水溶き片栗粉…適量
ピンクペッパー…適量

＊1
豆豉醤
■材料
豆豉…200g
砂糖…200g
濃口醤油…200g
中国たまり醤油（老抽王）…120g
紹興酒…50g
■作り方
1 フードカッターに豆豉を加えて攪拌し、粗く砕く。
2 鍋で1の豆豉を炒め、あらかじめ合わせておいた砂糖、濃口醤油、老抽王、紹興酒を加えて煮詰める。

1

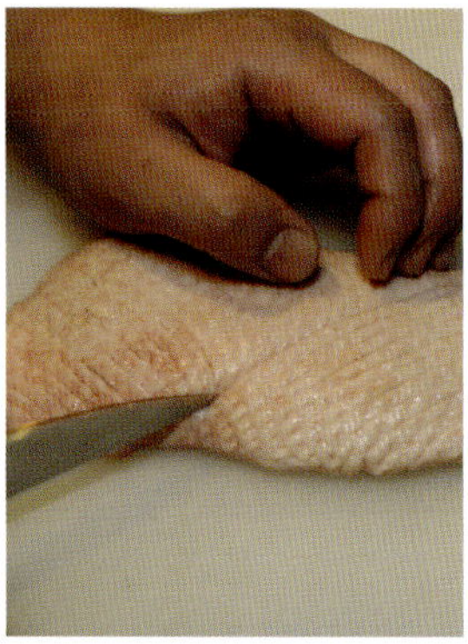

バルバリー鴨は常温に戻しておき、皮目に格子状の隠し包丁を入れる。

2

フライパンを熱して1の皮目を底にして焼き、余分な油を落とす。

3

70℃のスチコンのオーブン機能で25分焼く。焼けたらバットに取り、休ませる。
▶ここまで仕込んでおく。

4

3を3~4㎜厚に切る。下味1の調味料を加えて軽くもむ。下味2の溶きほぐした卵を加えてまとわせ、片栗粉と白絞油を加えて混ぜる。

5

中華鍋に白絞油を加えて120℃に熱し、4を加えて肉の周囲が白っぽくなる程度まで揚げる。揚がったらザーレンにとって休ませる。

6

子持ち高菜はざく切りにし、あわび茸は石づきを落としてばらす。5の揚げ油を180℃に上げ、油通しする。

7

鍋に白絞油をひいてねぎ、生姜、ニンニクを加えて炒め、香りが出たら紹興酒、豆豉醤、清湯を加え混ぜ、そこに5と6を加え、強火にして鍋をあおるように振って仕上げる。水溶き片栗粉を加えてとろみをつける。皿に盛り付け、ピンクペッパーを挽く。

中国菜

香山《カザン》

1975年兵庫県生まれ。辻調理師専門学校卒業後、「天外天」（東京・千駄木）を中心に、台湾での研修や熱海のリゾートホテルを経て2013年7月、大阪・靭本町にて「中国菜 香山」開業。

店主

宇陀正史

独自性を加えた四川中心の料理を上品な味わいで表現

大阪・靭本町にある「香山」は、個人店の名店から大手レストランやホテルまで関東で幅広く経験を積んだ店主の宇陀 正史氏が２０１３年７月にオープン。サラリーマンをターゲットに、オフィスと住宅が入り混じる立地に開業し、毎日１品にメニューを絞り込んだランチを打ち出して人気に火が点いた一軒だ。

そんなランチは修業先の「天外天」で学んだ味をベースに、月・火・金曜日は担々麺。水・木曜日は麻婆豆腐を提供。昼だけで毎日３回転させる。一方、昼から口コミが広がった夜は、平日は食事や接待利用で訪れるサラリーマン、土曜は近隣のファミリー層を集客。おまかせコースを主体にし、前菜７種、スープまたは一品、魚介料理２品、看板の酢豚または肉料理、昼とは異なる自家製豆腐を使う麻婆豆腐または汁なし坦々麺、デザート、中国茶の構成で４５００円～とし、評判に。これに食材のグレードが上がり、現在では一番注文率が高い６５００円とフカヒレ料理など高級食材を組み込む１万円を用意してアラカルトも14品前後用意する。

四川料理を中心に、広東や北京料理など学んできた宇陀氏が作るのは「ジャンルは問わず、自分ならこう出したいと思った料理が多い」。中でも日本人に馴染みのない四川の庶民的な一品を中心に、中国での視察や研修時に学んだ料理をアレンジ。中国現地の雰囲気を残しつつ、食べやすさに気を配り、「脆皮などあるように、中国料理は食感が大切」（宇陀氏）と考えることから特に食感を重視する。例えば「国産牛肉の～」（p.49）のゼラチン質が舌の上でとろける牛ホホ肉やシャキシャキ食感の野菜を多く取り入れたり、「足赤蝦 上海蟹～」（p.50）の素揚げした卵豆腐や鹹蛋、有頭海老の多彩な食感からもそのこだわりが透けて見える。また、「白胡麻餡入り白玉団子～」（p.51）のあんのように、全体を通してあっさりした味を意識する上品な味わいも特徴的。素材の味を大切にし、ごま油よりもねぎ油を使うなどして食後感をすっきりさせ、代わって旨味を重ねることで複雑味と満足感のある味に仕上げる。

今後は夜のメニューも絞り、よりおまかせコースに注力したいと話している。

靭公園からほど近い、落ち着いたエリアの路面の立地。元居酒屋だった物件を利用したシンプルな空間はカウンター5席とテーブル20席。料理の他、蓋碗で提供する台湾茶にもこだわる。

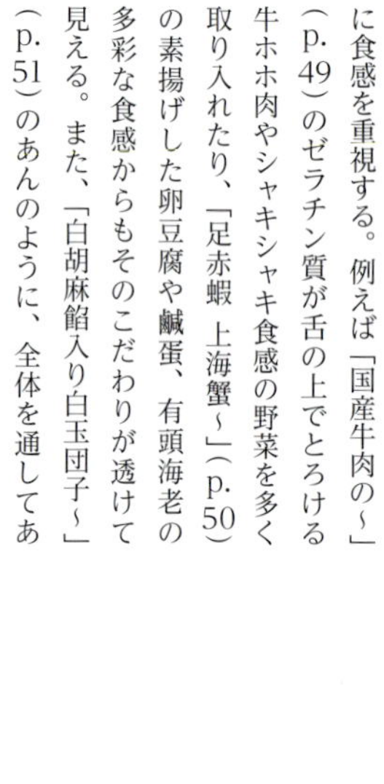

住所／大阪大阪市西区靭本町1-13-7　大新ビル1F
電話／06-6447-6687
営業時間／11:30～13:30(L.O.)、18:00～21:00(L.O.)
定休日／日曜日、祝日
規模／20坪・25席
客単価／昼1000円　夜6000円

国産牛肉のハチノス　ほほ肉　心臓の和え物

視察で訪れた四川・成都の名店で口にした際、日本で食べた味との違いに驚き、「独立したら作りたい」と宇陀氏が温めていた郷土料理「夫妻肺片」。現地ではハチノス、心臓、牛タンという組み合わせが多いが、牛タンに代わってゼラチン質の多い牛ホホ肉を使い、とろける食感を加味。さらにピーナッツに代わってカシューナッツを仕上げに散らして優しい甘みを加え、ねぎやサラダセロリ、香菜をたっぷり使って様々な食感と香りを楽しめる前菜とした。味づくりでは、滷水で肉や内臓を炊くスパイシーな風味やラー油、沈殿ラー油（ラー油に沈殿した具材）、オイルと粉を使う山椒で麻・辣・香の三位一体を感じる四川料理らしい味わいに。「伝統的な料理を前菜で提供したい」との考えから、全コースのスターターとして小皿で提供し名物となっている。（作り方p.52）

足赤蝦　上海蟹　豆腐の白湯煮込み

12月限定の上海蟹コースに組み込む冬の煮込み料理で、「上海蟹が続くコースの中で口を変えながら、見た目でも楽しめる料理を」(宇陀氏)と考えた華やかな一品。カニと豆腐やエビを組み合わせる上海料理に、宇陀氏が台湾の研修先で学んだカニと卵豆腐の煮込みをアレンジ。定番の素材合わせながらも、素揚げした卵豆腐を使うことで食感の変化とインパクトを狙った。甲殻類の旨味や香りに、フルッと舌に触れてコクを感じる卵豆腐や鹹蛋の彩とコク、金針菜の食感が楽しく、白湯や上湯の旨味が凝縮。優しい塩味ながらも複雑でパワフルな旨味が印象に残る。土鍋で提供し、蓋を開ける楽しさやグツグツと煮えるライブ感も加えた。(作り方p.54)

白胡麻餡入り白玉団子　生姜風味

上海蟹のコースに組み込むデザート。宇陀氏が中国・四川で出会った甘いスープに、黒ごま餡の白玉団子を浮かべたデザートをアレンジ。白玉団子に包む餡を、白ごまとカシューナッツの餡にして食後でも軽く食べられるあっさり上品な甘さにし、スープにはすりおろした生姜と酒醸を加えて生姜の香りと麹由来のコクのある甘みをプラス。体を冷やすとされる上海蟹のコースの最後に提供し、体を温めてもらう一品とした。モチモチの白玉からほとばしるように飛び出す餡の食感や風味、ほっと心がほどける甘いスープにファンが多い。シンプルながらも中国現地の味に独自性を加えた宇陀氏のスタイルとコースの最後まで楽しませる趣向を具現するデザートだ。（作り方p.56）

国産牛肉のハチノス ほほ肉 心臓の和え物

材料（仕込み量）

牛心臓…1.5kg
牛ホホ肉…1.5kg
ハチノス…1.5kg
ねぎ頭…2本分
生姜…適量
紹興酒…適量
水…適量
滷水…ホルモンがかぶる量*1

*1
滷水（仕込み量）

■材料
水…5ℓ
塩…250g
砂糖…200g
紹興酒…200mℓ
草果…適量
陳皮…適量
経皮…適量
八角…適量
乾燥生姜…適量
甘草…適量

■作り方
1 さらしで全ての香辛料を包む。
2 鍋に水と1を加えて水から沸騰させて10分ほど弱火で炊く。さらしを取り出す。
3 使う時は水で1.5倍に薄める。

和えダレ
白ねぎ（笹うち）…½本分
サラダセロリ（ざく切り）…15g
香菜（ざく切り）…15g
ニンニク（おろしたもの）…小さじ1
沈殿ラー油…小さじ3
濃口醤油…15mℓ
砂糖…小さじ1
炒りごま…適量
山椒油…15mℓ
粉末山椒…少々

仕上げ
ラー油…15mℓ
香菜…適量
カシューナッツ（揚げたもの）…適量

1

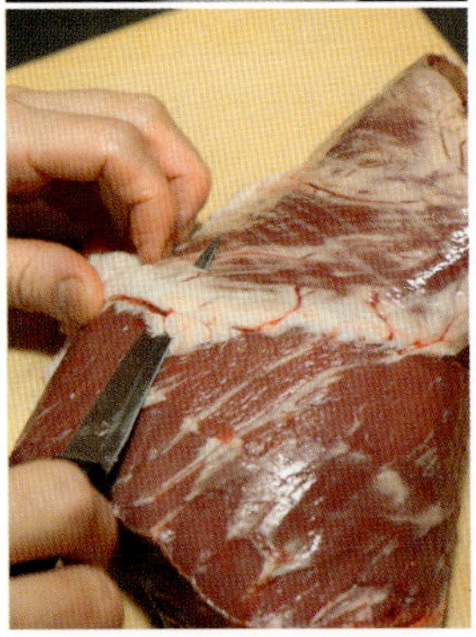

心臓とホホ肉は脂を取り除き、大きく¼に切る。ハチノスはもみ洗いする。

2

鍋にたっぷりの水とねぎ頭、生姜、紹興酒を加えて加熱し、沸いたら1をそれぞれ加えてアクを引きながら茹でこぼす。
▶この工程は心臓、ホホ肉、ハチノスそれぞれ個別で行う。

3
ハチノスはもみ洗いして再び鍋にねぎ頭、生姜、紹興酒を加えて沸かし、2時間～3時間、好みの硬さになるまで炊く。

4
3と同様に心臓は鍋にねぎ頭、生姜、紹興酒を加えて沸かして20分炊き、ホホ肉は1時間炊く。全て個別で行い、好みの硬さにする。

5

鍋に滷水を沸かし、ホホ肉は50分、心臓は30分、ハチノスは10分~15分ことこと炊き、途中で味を見て薄ければ塩を足す。

▶沸かした滷水に、茹で時間を逆算しながら同じ鍋で行う。

6

5が炊き上がったらスープに入れたまま放置し、冷ます。冷めるとプルプルに凝固するスープごと保存する。

7

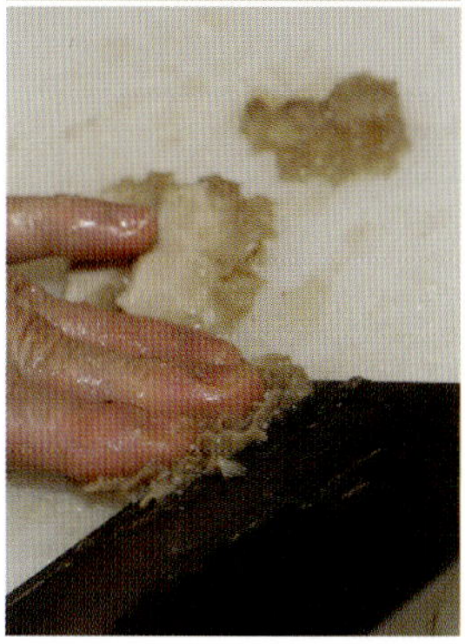

ゲストが来店したら6を常温に置いて温度を戻し、心臓とホホ肉は3㎜厚にスライスし、ハチノスはそぎ切りにする。

8

ボウルに7と和えダレの素材を全て合わせて混ぜる。

9

器に8を盛付け、揚げたカシューナッツを散らし、香菜を天に盛ってラー油を回しかける。

足赤蝦　上海蟹
豆腐の白湯煮込み

材料（1人前）

足赤エビ…2尾
片栗粉…少々
金針菜…適量
卵豆腐…2丁
白絞油（揚げ油）…適量

仕上げ
ねぎ油…15mℓ
ニンニク（みじん切り）…小さじ1
生姜（みじん切り）…小さじ1
鹹蛋…2個
上海蟹（ほぐし身）…1.3g*1
紹興酒…15mℓ
白湯…150mℓ
上湯…50mℓ
胡椒…適量
塩…適量
片栗粉…適量

*1
紹興酒を振って蒸した上海蟹の身をほぐし、蟹味噌を混ぜ合わせたもの。

1

足赤エビは掃除をして頭をつけたまま背中から開き、刷毛で片栗粉をまぶす。

2

白絞油を鍋に熱し、金針菜を油通しする。¼に切った卵豆腐もきつね色になるまで素揚げする。

3

1の足赤エビを2の油で揚げ、表面はカリッと火が通り、中心は8割程度まで揚げる。引き上げたら油を切る。

4

鍋にねぎ油をひき、上海蟹、ニンニク、生姜を加えて中弱火で炒める。香りが出たら適宜に切った鹹蛋を加えて炒め、紹興酒、白湯、上湯を加えて混ぜながら炊く。味を見ながら白湯、上湯、塩、胡椒を加えて味を整える。

5

4に3を加えて軽く煮込み、2の卵豆腐を加え、味を見て適宜白湯を加えて味を調整する。

6

5に水溶き片栗粉を加えてとろみをつけ、ねぎ油を加えたら強火にして煮詰め、2の金針菜を加えたらさっと混ぜて温めておいた土鍋に盛り付ける。

1

湯煎したボウルに浮き粉を加え、熱湯を注いで熱いうちに練る。ツヤが出て透明感が出るまで練る。

2

別のボウルに白玉粉と砂糖を合わせて混ぜ、少量ずつ水を加えながら練る。手のひらで押しつぶしながらダマを潰すように練っていく。

3

2が均一になったら1を適宜千切って加え、しっかりこねるようにして混ぜ合わせる。

白胡麻餡入り白玉団子 生姜風味

材料(仕込み量)

白玉団子
浮き粉…30g
熱湯…45mℓ
白玉粉…150g
グラニュー糖…70g
水…125g

白ごま餡
白ごまペースト…100g*1
カシューナッツ(揚げたもの)
…40g
グラニュー糖…200g
ラード…200g
生姜フレーク…20g*2

仕上げ(3人前)
水…300mℓ
白ごま餡入り白玉団子
…6個
すりおろし生姜…小さじ1
酒醸…大さじ1
上白糖…大さじ1
クコの実…適量

*1
白ごまを炒ってミキサーで2回挽いたもの。

*2
皮を剥いてフードプロセッサーで細かく粉砕し、日本酒を加えたもの。

4

3にラードを加えて混ぜ合わせ、まとめたら袋に入れて30分冷蔵する。

5

白ごま餡を作る。ミキサーに白ごまペースト、揚げたカシューナッツ、グラニュー糖、温めて液体にしたラード、生姜フレークを加えてミキサーで撹拌する。ラップ紙を敷いたバットに流し、冷やし固める。

6

5のバットに包丁を入れ、8gずつ丸める。全て丸めたら一度冷蔵して冷やし固める。

7

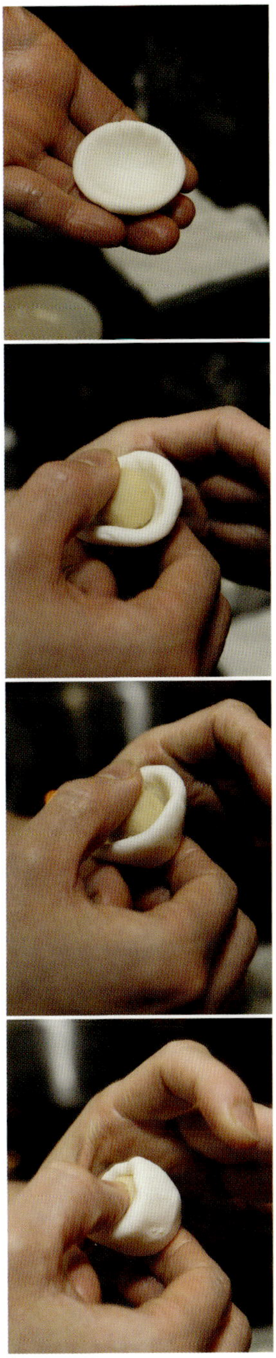

4の生地は棒状に延ばして15gずつ切り、親指で広げるようにして延ばし、6の餡を包んで成形する。これを全て行う。

8

湯を沸かして弱火に落とし、7を5分茹でる。

▶強火で茹でると団子の皮が破れるため、弱火で茹でる。

9

白玉が浮いてきたらすりおろした生姜と酒醸を加え、砂糖で味を調える。器に1人前スープ100mℓ、白玉団子2個を盛りつけ、クコの実を飾る。

中国料理

翠園《スイエン》

1978年大阪府生まれ。専門学校卒業後、ホテルプラザ（大阪・福島、現在は閉館）内の「翠園」で6年研鑽し、中国研修やハイアットリージェンシー大阪「天空」を経て2009年「翠園」入社。2016年より料理長。

シェフ
古藤和豊

ホテルの味を源流に、間口の広い中国料理を提案

１９６９年に大阪・福島に誕生し、シティホテルの先駆けとなったホテルプラザ。そのホテル内の中国料理レストランとして長年愛され、99年のホテル閉館時に、独立して江坂に移転したのが「翠園」。ホテルプラザ時代から指揮を執る総料理長・田口真一氏のもと、現在、料理開発や味づくりを担うのはホテルプラザ時代に研鑽を積み、その後も中国現地や他店を経て、再び活躍の場を『翠園』に移した古藤和豊氏だ。

今まで料理コンクールに積極的に参加し、数々の功績を残してきた古藤氏は、世界大会に参加した経験から〝日本人らしい中国料理〟を意識するようになり、国産素材や四季に着目。コース主体の料理では伝統的な広東料理に、季節感や「大阪ヌードル～」（p.59）といったオリジナル、ホテルプラザ時代の名物などを織り交ぜて緩急をつける。また、料理長に就任してからは大皿料理を銘々盛りにしたり、食後感を軽くするなど現代に合わせた味づくりやメニュー構成を見直した。また「大阪鴨の～」（p.60）のような手切りにこだわる点心など、「限られた時間の中でも、手間を惜しまないレストランらしい料理を大切にしたい」（古藤氏）と話す。

スポーツ施設に併設される立地やホテルレストランという前身から、60代前後の年配客を中心に集客する同店は、平日の昼はスポーツ帰りのお客が、夜は接待・宴会利用が多く、休日はファミリー層が中心。そのため昼は定食スタイルの千円台のランチから３７８０円～の季節替わりのコースを用意し、夜は５４００円と８６００円のプリフィクスコースや１万８００円の季節替わりのコース、１万６２００円の特別コースを用意。これに、アラカルトや法要、お祝い、宴会プラン、土日祝日限定コースなどを幅広く提案してハレからケまで網羅する店づくりを行う。古藤氏が目指すのは、高級レストランと大衆中華の間の位置付け。「現代のデパートのレストランのような、ちょっと特別感のある中国料理を提供し、入りにくさを払拭したい」と古藤氏。子供も参加できるイベントや他店とのコラボ、日本各地の食材フェアなどを打ち出して集客やリピートにつなげ、近年では三世帯利用が伸長しているという。

ゴルフ練習場やテニス球場を持つ関西屈指のスポーツ施設内に併設。大正期に建てられた紡績工場を利用した空間は80坪のレストランスペースと70坪の宴会場があり、個室も多数用意。

住所／大阪府吹田市芳野町13-45
電話／06-6386-2750
営業時間／11:30～14:30（L.O.）17:00～20:30（L.O.）
定休日／月曜日
URL/http://suien.amenity-esaka.com
規模／80坪・70席（レストランスペース）、70坪・70席（宴会場）
客単価／昼3000円～5000円　夜8800円

大阪ヌードル　北前船のスープを注いで

大阪の食をテーマとする2014年のコンクール優勝作品で、現在ではコースで出す看板料理。小麦粉を卵で練って油で揚げる広州の麺、伊府麺に、炒めたカブの葉や自家製鹹蛋、泉州海苔の海苔天、すだちや薬味をのせ、犬鳴豚スペアリブや大阪産カブ、複数の乾物で作る旨味が凝縮した蒸しスープを客前でかける。大阪の食文化から発想を広げ、北前船が西廻り航路で食材を集めたストーリーを背景に、北海道—大阪間の海産物や素材をスープとし、さらに大阪発祥のインスタントラーメンから「レストランで食べるインスタントラーメン」をコンセプトに、チキンラーメンの原型とされる伊府麺にスープをかける一品とした。提供時はまずスープを供して味わってもらってから麺にスープを注ぎ、ポットに残った具も味わってもらう。多彩な楽しみ方や口頭で伝える料理の背景も評判だ。（作り方p.62）

大阪鴨の焼き饅頭
香煎鴨餅

大阪の冬の味覚、鴨の肉団子を中国料理にアレンジし、「焼いて香ばしい部分と中に包まれたあんの食感の対比が楽しい」と古藤氏が話すニラ饅頭を融合させた点心。ジューシーな鴨モモ肉は細かく叩き、旨味の強いロースと食感が楽しい皮は手切りで粒切りに。それらを鴨と相性のいいねぎと合わせ、煮詰めた赤ワインや醤油などで味付けしたあんに。皮は蒸し餃子の生地と小籠包の生地を混ぜ合わせ、美しい焼き色と噛み締めた際にヒキのあるモチモチ食感を狙い、包んでから蒸して煎り焼く。付け合わせには、あんに使った赤ワインと風味をリンクさせたワイン味噌、酸味と発酵の旨味を持つ泡辣椒、季節感を感じる柚子醤を添え、仕上げにはぶどう山椒を挽き、熱した石の上に盛り付けて提供。大阪の素材から発想を広げ、レストランらしい点心に昇華させた。（作り方p.64）

手羽先の牛アキレス腱詰め赤ワイン煮込み
楊貴妃鶏

楊貴妃がかつて好んで食べていたと伝わる手羽先の揚げ煮、楊貴妃鶏を食べやすい料理にしたランチコースの主菜。年配客が多い同店の客層に合わせて「食べやすくしたい」と考え、鶏手羽の中骨を抜いて牛アキレスの煮込みを詰め、一度揚げて赤ワインや醤油、オイスタソースといった甘辛いタレで煮込んだ。「コラーゲンたっぷりの鶏手羽に、別のコラーゲンを詰めたら食感も味わいも違和感なく楽しめると考えた」と古藤氏。牛アキレスの煮込みを詰めることでプルプル感が増し、食べやすく女性に喜ばれる一品に。「お客様の立場に立って創意工夫するのが、田口総料理長の教え」（古藤氏）と、古典料理をお客の立場に立って現代風に再構築した。味わいや食べやすさだけでなく、オペレーションやコスト面でも魅力的な料理といえる。（作り方p.66）

大阪ヌードル
北前船のスープを注いで

材料（６人分）

スープ
犬鳴豚スペアリブ…180g
大阪産カブ（葉付き）…1個
つぶ貝…6個分
干しタコ…12g
干し椎茸（戻したもの）…6個
干し貝柱（戻したもの）…3個
北海道産利尻昆布
…3㎝角1枚
クコの実…少々
上湯…1.2ℓ
紹興酒…少々
藻塩…少々

麺
中華麺…600g
白絞油（まわしかける）
…少々
白絞油（揚げ油）…適量

中華麺下煮
二湯…600㎖
塩…小さじ1/2
中国醤油…少々
ねぎ油…少々

海苔天
泉州海苔…1枚
薄力粉…大さじ3
片栗粉…大さじ1
水…大さじ4
ごま油…小さじ1
白絞油（揚げ油）…適量

仕上げ
カブの葉炒め＊1
自家製即席鹹蛋＊2
ねぎ（細切り）…少々
あさつき（細切り）…少々
芽紫蘇…少々
すだち…3個

＊1
小口切りにして強めに塩を振って15分おき、流水で洗って塩を抜いたカブの葉1個分と刻んだ干しエビ（戻したもの）12gを一緒に炒め、醤油、砂糖、ごま油、みじん切りにしたニンニクで味付けしたもの。

＊2
卵6個を殻ごと冷凍してから解凍し、殻と白身を取り除いた卵黄を常温の二湯200㎖、薄口醤油10㎖、塩8g、砂糖少々を混ぜ合わせたものに約1時間浸したもの。1晩浸す場合は二湯を300㎖にして味を薄める。

1

犬鳴豚スペアリブは3%の塩をまんべんなく振って一晩おく。一口大に切って湯通しする。つぶ貝はスライスしてバットに並べ、冬なら常温で、温かい時期は冷蔵で2日間乾燥させる。カブは皮を剥き、頭から縦に6当分にしてさっと湯通しする。干しタコはハサミで2㎝幅に切る。

2

カブ以外のスープの材料を全て急須に入れ、ラップ紙をして蒸し器に入れ、90分蒸す。味を調え、カブを加えてさらに蒸し器で15分蒸す。

3

中華麺をたっぷりの湯で30秒ゆで、流水で洗って滑りをとり、水気を切って白絞油をまわしかける。

4

180℃に熱した白絞油に4を加えて揚げ、気泡が細かくなって色づいたらザーレンに取って上げ、熱湯に数秒入れて油を抜く。

5

鍋に麺の下煮の材料を合わせて加熱し、沸いたら4を加える。スープを吸わせながらやや芯がある状態になるまで炊く。

6

器にセルクルを置いて5を盛り、ラップ紙をかけて器ごと2分蒸す。

7

板海苔を細長く切り、合わせた衣を薄くつけ、170℃の白絞油で揚げる。

8

6にカブの葉炒め、自家製即席鹹蛋、7を盛り、芽紫蘇を散らして白髪ねぎ、あさつきを天に盛る。すだちを添える。スープを入れた急須と一緒に提供する。

大阪鴨の焼き饅頭

材料(30人分)

生地

浮き粉…75g
熱湯…130mℓ
塩…少々
砂糖…少々
片栗粉…30g
水…60mℓ
強力粉…100g
薄力粉…20g
湯(50℃)…65mℓ
ラード…5g

あん

大阪鴨ロース…1枚
大阪鴨モモ肉…1枚
玉ねぎ(みじん切り)…400g
青ねぎ(小口切り)…120g
塩…6g
グラニュー糖…12g
濃口醤油…10mℓ
赤ワイン(煮詰めたもの)
…40mℓ
片栗粉…20g
黒胡椒…少々

仕上げ

ねぎ油
赤ワイン味噌*1
柚子醤*2
泡辣椒(みじん切り)

*1
ワイン30mℓ、甜麺醤40g、砂糖12g、中国醤油8mℓ、おろしニンニク少々、水15mℓを鍋に全て合わせて一度沸かし、混ぜ合わせたもの。

*2
1個分の果皮をみじん切りにした柚子を太白ごま油40mℓでじっくり炒め、昆布だし50mℓと1個分の柚子果汁を加え、塩少々、砂糖少々で味を調えたもの。

1

鴨ロースから皮をはぐ。熱した中華鍋に白絞油を薄くひき、皮目を下にして加えてきつね色になったら返し、両面を焼く。取り出して冷ましておく。

2

1で鴨肉から出た油50mℓを中華鍋にひき、みじん切りにした玉ねぎを炒める。水分が抜けて香ばしさが出たら引き上げ、冷ましておく。

3

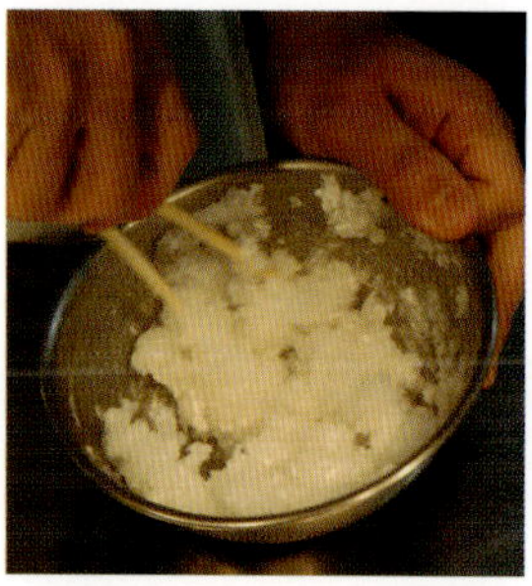

浮き粉、塩、砂糖に熱湯を加えて熱いうちに練る。練ったらラップ紙を張って乾燥を防いでおく。

▶熱いうちにデンプンを糊化する。

4

片栗粉は水で溶き、湯煎にかけてモチモチになるまで練る。

5

浮き粉を台に薄く広げて打ち粉にし、3を再び練って、4を重ねて練り合わせる。

6

強力粉、薄力粉、湯（50℃）、ラードを合わせて練る。練ったら5に重ねて数回折りたたんで伸ばし、まとめることを繰り返し、均一に混ざったら丸めてビニール袋に入れて常温に置く。

7

鴨ロースは粒切りに、モモ肉は細かく叩き、1の皮はロースより一回り小さい粒切りに切る。

8

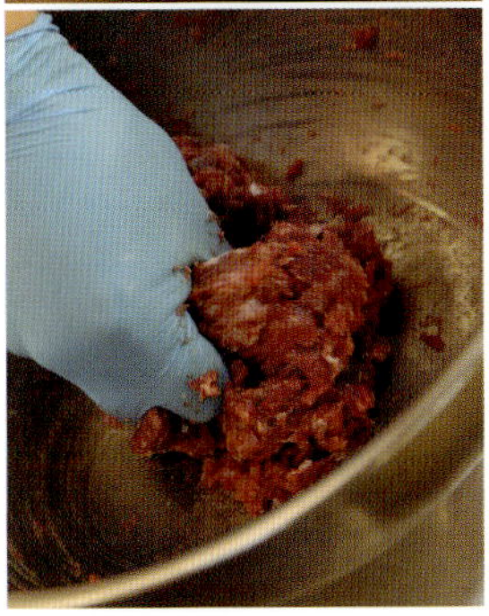

7のロースとモモ肉をボウルに合わせて塩、砂糖を加え、粘りが出るまでしっかり練る。

▶ロースの角を潰すイメージでしっかり練り合わせる。

9

8に片栗粉、濃口醤油、黒胡椒、煮詰めた赤ワインを加えてさらに練り、7の皮、2の玉ねぎ、小口に切ったねぎを加えて練る。

10

6の生地を20gに分割して綿棒で円形に伸ばす。あん30gを包み、丸く形を整える。

11

10をクッキングシートに並べて8分間蒸す。取り出したらテフロン加工のフライパンを熱し、ねぎ油を薄くひいて煎り焼く。

12

器に熱した石をおいて11を盛り、ワイン味噌、柚子醤、泡辣椒を添える。

手羽先の牛アキレス腱詰め 赤ワイン煮込み

材料（仕込み量）

手羽先…20本
牛アキレス…200g

アキレスの蒸しダレ

水…800mℓ
濃口醤油…80mℓ
上白糖…50g
ねぎ（頭）…少々
生姜の皮…少々
ローリエ…2枚

煮込みダレ

A

二湯…1.5ℓ
赤ワイン…300mℓを100mℓ
　まで煮詰めたもの
濃口醤油…80mℓ
オイスターソース…50mℓ
ザラメ…80g
中国醤油…30mℓ
アキレスの蒸し汁…300mℓ

B

ねぎ（頭）…適量
生姜の皮…適量
ニンニク（真っ黒に焦がしたもの）
　…1個
陳皮…1枚
ローリエ…3枚
八角…1個

仕上げ

中国醤油…大さじ2
白絞油（揚げ油）…適量
菜の花…適量
白絞油…適量
塩…適量
水溶き片栗粉…適量

1

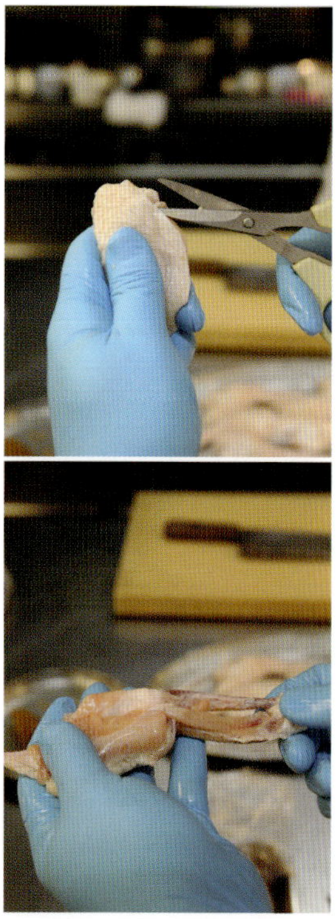

手羽先は骨の周りにハサミを入れて引き出すように骨を抜く。水洗いし、水気を切る。

2

アキレスは3回茹でこぼし、流水で洗って臭みを抜く。

3

鍋にアキレスの蒸しダレの素材を合わせて一度沸かし、バットに移して2を加えラップ紙を張って6時間蒸す。

4

3をタレから引き上げてバットに広げ、一口大に切って冷やす。

5

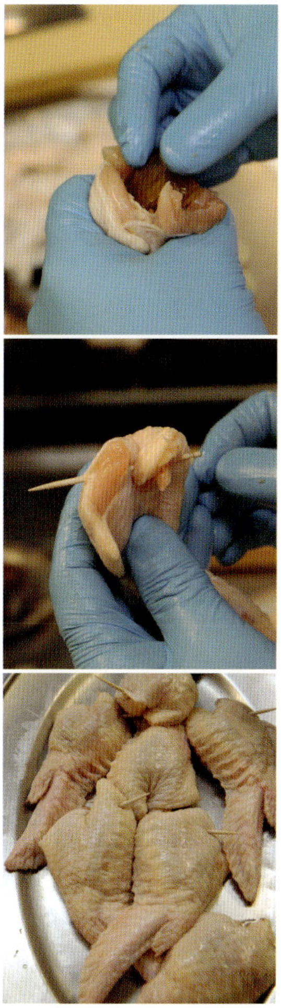

1に4を詰め、皮を縫うように爪楊枝で口を止める。

▶加熱すると手羽先が縮むため、詰めすぎないようにする。

6

5に中国醤油を和え、200℃の白絞油で茶色く色づくまで揚げる。

7

アルミの中華鍋に煮込みダレAの素材を合わせて加熱し、一度沸かす。別の中華鍋を熱してねぎ油（分量外）をひき煮込みダレBの素材を焦げる手前まで炒め、煮込みダレAと合わせて軽く煮る。

8

6を深い容器に入れて7を加え、20分蒸す。冷まして冷蔵保存する。

▶オーダーが通ったら再び蒸すため、ここでは長時間火を入れない。

9

オーダーが通ったら蒸して爪楊枝を抜き、皿に盛る。煮込みダレを鍋にとって水溶き片栗粉でとろみをつけ、味を調えて盛り付ける。ボイルしてさっと白絞油で炒め、塩で味付けした菜の花を添える。

AUBE オーブ

東 浩司氏は1980年大阪府生まれ。「赤坂 維新號」（東京・赤坂）や父が営む「ビーフン東」（同・新橋）を経て、2011年「Chi-fu」と「Az」を出店。2018年9月、同ビル2Fに「AUBE」を展開。畑野 亮太氏は1987年滋賀県生まれ。「聘珍楼」（大阪・梅田）を経て2016年3月入社。

オーナーシェフ
東 浩司（右）

キッチンスタッフ
畑野亮太（左）

全国を巡り、日本の魅力を発信する〝旅する中華〟

かつて先々代が「ビーフン東」（現在は東京・新橋）を開業した大阪・西天満にて、２０１１年、フランス料理の要素を織り交ぜたレストラン「Ｃｈｉ・Ｆｕ」と、昼は「ビーフン東」、夜は中華ビストロ「Ａｚ」と昼夜で異なるコンセプトを持たせた店を同ビル地下に出店した東 浩司氏。その東氏が5年前から構想し、２０１８年9月、同ビル2階に展開したのが「ＡＵＢＥ」だ。

「中国料理は伝統にとらわれ過ぎて目の前に素晴らしい素材があるのに、目を向けていない」（東氏）と考えたことをきっかけに、掲げたコンセプトは「旅」と「時」。全国各地を巡って出会った食材や調味料を使い、日本の食文化の豊かさを中国料理を通して表現する。そのため、２ヶ月ごとに内容が変化するコースは、毎回、実際に東氏が足を運んだ都道府県をテーマに。例えば青森県をテーマにした月のアミューズ「アオリイカ～」（p.69）では、青森の伝統的な発酵食品「一升漬け」を使うなど、その土地の魅力を発掘して発信。「今までも、生産地を訪れることはありましたが、新たな産地を巡るうちに付き合いが薄れてしまった。それよりも都道府県をテーマにして２ヶ月間集中して食材を使い、３店舗で共有することでつながりをより活かせると考えた」と東氏。各土地を巡って得た知識・つながりをお客へ、料理へ活かしている。

またオープンを機に東氏が取り入れたのがカウンター中央に導入した炉窯だ。「川岸牛の～」（p.71）のように主に肉を客前で焼き、盛り付け、サービスするカウンターならではの演出で五感を刺激する。そして「他の料理ジャンルとの大きな違いであり、これからも残したい技術」（東氏）の考えから、看板の一つに据えるのが「フカヒレと～」（p.70）のような乾貨。どの料理も主素材を明確にし、シンプルな構成で素材の魅力を表現する。

「関西に来て、日本料理の食材の扱いやサービスに大きな影響を受け、満足度の高い店の必要性を感じたことが、出店につながった」と東氏が話すように、現在コースはおまかせ10品２万５０００円と３万５０００円を用意。料理、素材だけでなく、国内の作家の器や設えにもこだわり、高価格帯ながら全国の美食家から注目され、集客も上々だという。

入り口すぐのサロンスペースでアミューズを2品提供し、その後6席のカウンターで8品を提供。料理の他、ワインや酒を織り交ぜた1万5000円のペアリングのコースも用意する。

住所／大阪府大阪市北区西天満4-4-8-2F
電話／06-6940-0317
営業時間／18:00~22:00閉店
定休日／日曜日、月曜日、火曜日
規模／28坪・6席
客単価／5万5000円

アオリイカとカリフラワーの包餅

青森県をテーマにした時のアミューズ。サロンスペースで提供するフィンガーフードから、つまみやすいよう北京ダックの皮で巻く趣向に。青森県特有の唐辛子、清水森ナンバを醤油麹に漬け込む発酵食品「一升漬け」をイカに塗って焼き、そのイカと揚げた乾燥湯葉を北京ダックの皮に乗せ、カリフラワーのピュレやスライス、銀箔、マイクロセルフィーユを盛って冬の青森の樹氷を表現した。情緒的な盛り付けを目で楽しんだ後、お客自身が巻いて手で食べる。揚げた湯葉の油脂や一升漬けの醤油の香ばしい風味、イカの旨味や食感などが口の中で一体になると、不思議と北京ダックを思わせる味が現れるサプライズも楽しい。（作り方p.72）

フカヒレと伊勢エビの煮込み　蛋花仕立て

看板料理の一つ、乾貨の一品。時間をかけて戻したフカヒレに伊勢海老を組み合わせ、ご馳走感と満足感を訴求。長時間蒸した伊勢海老の煮汁やアメリケーヌソースの要領で作った「甲殻のだし」を白湯に加え、その白湯でフカヒレを煮込んで味を含ませた。仕上げに白湯を卵でとじ、フカヒレや伊勢海老の身と共に盛り付け。菜の花を添え、春の花畑を表現した。また「フカヒレはタレとのバランスが重要」(東氏)と、タレがたっぷり入るやや深めの器を使い、スプーンで食べるプレゼンテーションに。季節感がないことが多く、姿を見せるよう平皿を使う盛り付けが多いフカヒレ料理の定石から印象を変えた。一人前100g盛るフカヒレや伊勢海老のヴィジュアルはもちろん、さまざまな食感と濃厚な旨味、香りが余韻まで残る。（作り方p.74）

川岸牛の炉窯焼き 叉焼ソース 大洲の椎茸添え

カウンター席の対面に導入した炉窯で炭焼きする主菜。神戸市多可町で育てられる上質な神戸ビーフ、川岸牛のイチボを塊のまま56℃のオイルバスで30分加熱したのち、串を打ってタレを塗り、炉窯で焼く。タレは叉焼のタレをイメージし、醤油や砂糖、酢、甜麺醤にフランボワーズジャムやハイビスカスパウダー、ハイビスカス酒を加え、色粉を使わずとも美しい発色に。赤ワインに合わせる考えから酸味をもたせ、甘酸っぱい味わいに仕上げた。タレを塗ってさっと炉窯で表面を焼くごとに、店内に香りが充満し、五感を刺激する。こうした目の前で焼き、カットし、盛り付けし、サービスする一連の流れを客前で行うカウンターならではの演出を大切にしている。（作り方p.76）

アオリイカとカリフラワーの包餅

材料(1人前)

アオリイカ…5g
一升漬け…少々
サラダ油…少々
乾燥湯葉…2個
サラダ油(揚げ油)…適量
北京ダックの皮…1枚

仕上げ

陳皮のせん切り…適量
カリフラワー(スライス)…適量
カリフラワーピュレ…適量*1
銀箔…適量
マイクロセルフィーユ…適量
マルトセックねぎ油…適量*2

*1
小房に分けたカリフラワーを少量の水と一緒に専用フィルムに入れて真空にかけ、85℃のスチコンのスチーム機能で1時間加熱し、バイタミックスで撹拌したもの。

*2
ねぎ油にマルトセックを加えて混ぜ、そぼろ状にしたもの

1

乾燥湯葉を数枚重ねて180℃に熱した油で、水分が抜けてサクサクになるまで揚げる。

▶油に加えたらバラつかないよう、箸で束ねるように押えて揚げる。

2

アオリイカは甲に包丁を入れて内臓や足を引き出し、水洗いして皮を剥ぐ。6cm幅に切って格子状に包丁目を入れ、½に切る。

3

2に一升漬けを塗る。フライパンを熱して薄くサラダ油をひき、一升漬けを塗っていない面を下にして焼き、7割~8割火が通ったら返して裏面はさっと焼く。

4

北京ダックの皮はスチームコンベクションオーブンの100℃のスチームに10秒入れる。

5

3にもう一度一升漬けを塗る。

6

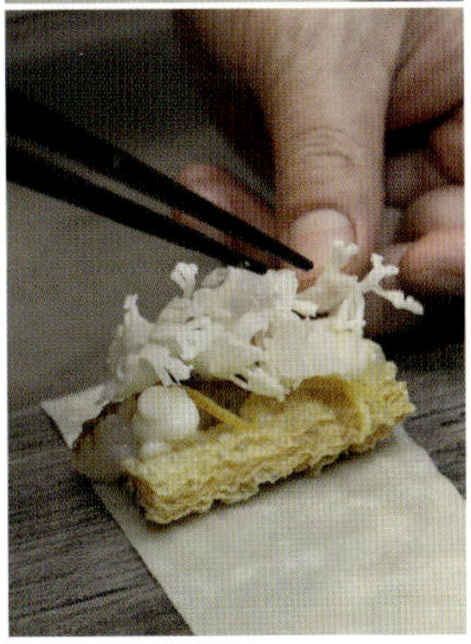

器に4を敷き、5と1を置き、陳皮のせん切りをのせ、カリフラワーのピュレを点描する。その上にカリフラワーのスライスをのせ、銀箔を散らしてマイクロセルフィーユをのせる。マルトセックねぎ油を散らす。

フカヒレと伊勢エビの煮込み 蛋花仕立て

材料(1人前)

戻したフカヒレ
(ヨシキリザメまたはアオザメの尾ビレ)…100g*1
白湯…100mℓ
塩…適量
甲殻だし…30mℓ*2
活伊勢海老…1尾
(1人前は約120g)
清湯…適量
卵…½個
サラダ油…少々
菜の花…2房
水溶き片栗粉…適量

*1
フカヒレは脂肪分を洗い、老酒、ねぎの頭、生姜、ひたひたの水を加えて1時間蒸し、流水にさらす。清湯に浸して85℃で3時間蒸す。

*2
甲殻だし
■作り方
1 鍋にサラダ油をひいてスライスした玉ねぎ、ニンジン、セロリを炒める。
2 甲殻類の殻を鉄板に広げて200℃のオーブンに入れ、水分が飛んで乾燥し、焦げないように焼く。
3 1の火を止めて2を加え、木べらで甲殻類の殻をしっかり砕いて野菜と混ぜ合わせる。再び中火にかけ、ブランデーと白ワインを加え、アルコールが飛んだらトマトピュレを加えて30分炊く。濾す。

1

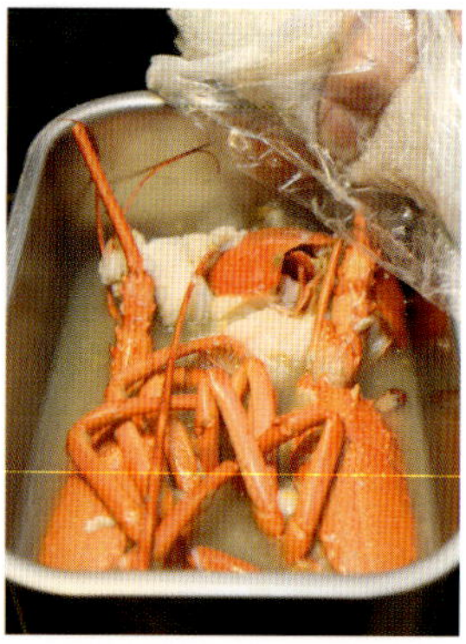

活伊勢海老を半分に割って深い容器に加え、そこに清湯を加えてラップ紙を張り、100℃のスチームコンベクションオーブンで3時間蒸す。

2

中華鍋に白湯、甲殻だしを加えて加熱し、戻したフカヒレを加えて焦げないように弱火で炊く。1が蒸し上がったら蒸し汁を加え、時々スープをフカヒレにかけながら1時間炊く。ある程度やわらかくなってきたら、金串を数カ所にさして味が入りやすくする。

3

フライパンにサラダ油を薄くひき、菜の花を加え、軽く焦げ目がつくまで素焼きして両面を焼く。

4

1の伊勢海老の殻を外す。

5

器にフカヒレを盛り付けてその上に4を盛る。

6

2のスープは塩で味を調え、水溶き片栗粉でとろみをつける。加熱しながら溶きほぐした卵液を加えて固まってきたら5に流す。3の菜の花を添える。

川岸牛の炉窯焼き　叉焼ソース
大洲の椎茸添え

材料（１人前）

牛イチボ…200g
（兵庫県産・川岸牛）
サラダ油（オイルバス）
…適量
叉焼ソース…小さじ1＊1
椎茸…1個
キンカンのジュレ
…大さじ1＊2

椎茸の下煮

濃口醤油…適量
清湯…適量
花椒油…少々

＊1
叉焼ソース
■材料
砂糖…70g
濃口醤油…12mℓ
米酢…20mℓ
ハイビスカスパウダー…18g
フランボワーズジャム…大さじ2
玉ねぎ（みじん切り）…40g
ニンニク（みじん切り）…小さじ1
甜麺醤…12g
塩…12g
オイスターソース…12g
■作り方
1 材料全てを混ぜ合わせる。

＊2
キンカンのジュレ
キンカンのジュレは種を取り除いたキンカンをバイタミックスで攪拌して保存容器に詰め、1週間冷蔵したもの。キンカン自身のペクチンでジャムのようなテクスチャーになる。

1

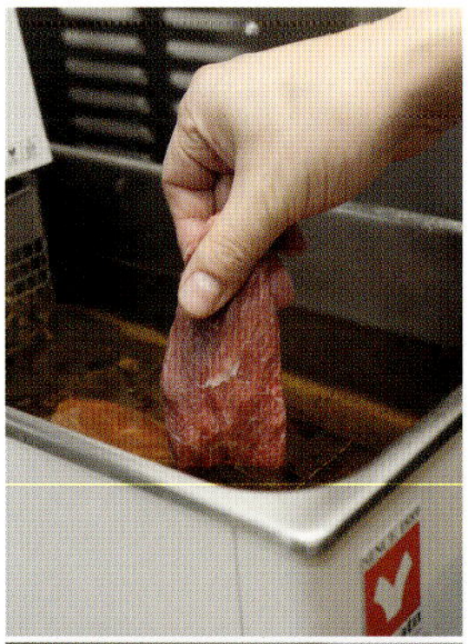

牛肉を塊のまま56℃のオイルバスに加え、30分加熱する。取り出したらキッチンペーパーで油脂を拭き取り、金串を打つ。塩を振る。

2

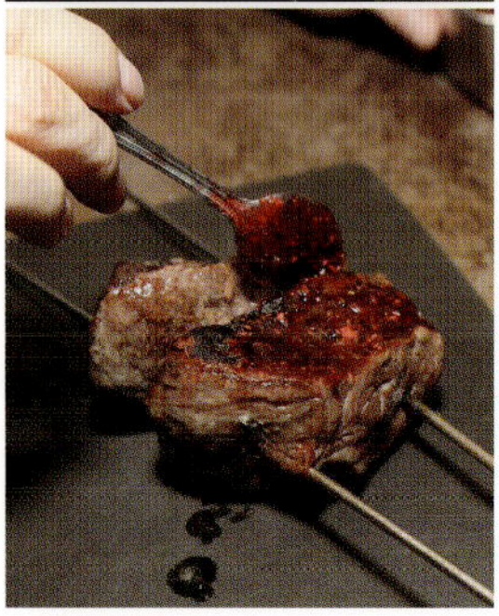

炭火を入れた炉釜に1を3分～5分入れて焼き、片面に叉焼ソースを塗って、再び炉釜で3分～5分焼く。

3

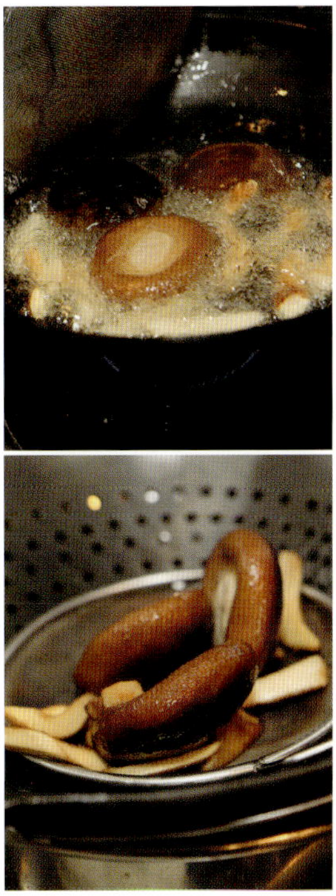

椎茸は軸と笠を切り分け、180℃のサラダ油で油通しする。

4

中華鍋に濃口醤油、清湯を合わせて強火にかけ、3を加えて煮る。煮汁が煮詰まったら引き上げる。花椒油をかける。

5

2を1人前約100gに切り分けて器に盛り付け、4を盛る。キンカンのジュレを添える。

清粥小菜
明《メイ》

1975年大阪府生まれ。調理師学校卒業後、大阪、東京、京都、神戸のホテルレストランで修業。大阪・箕面市の中国料理店では香港人点心師に点心を学び、2007年9月大阪・東三国にて独立。2013年に江坂へ移転。

オーナーシェフ
内田法明

ニーズを掴んで進化し、洗練とインパクトで個性を確立

大阪・東三国に2007年に誕生した『清粥小菜　明』。店主の内田法明氏は「日本では病人食のイメージですが、山海の幸を使う広東粥は栄養満点で胃に優しく、昨今の健康志向に合う料理。飲んだ後にも最適だと考えた」と修業先で提供していた広東粥に着目し、広東粥と小皿料理、多彩な黄酒を柱に独立した。開業当初はアラカルトと2000円台のコースというカジュアル路線を打ち出していたが、常連客の要望から次第に食材の質を追求するようになりコース主体へシフト。13年の江坂への移転をきっかけに、高価格帯のコースへの需要が高まり、8品8000円～とし、その一年後にはコース1万2000円が中心になるなど、進化を繰り返してきた。そして昨年9月にはそれまで続けてきた土曜日限定のランチとアラカルトを辞め、1万5000円～のおまかせコースに注力。1日3組～4組のお客1回転に限定し「ゲストと向き合ってしっかり料理をプレゼンする体制を整えた」と内田氏は話す。

料理は旬の国産食材から組み立て、日本人に合うと考える広東料理をベースにする。中でも食材は、納得のいく品質を追求。例えば上海蟹の季節には白子が大きい260g以上のオスにこだわったり、「酔っ払い蟹」（p.81）では15年ものの壺熟成紹興酒を使用。生産者との付き合いも深め「ツキノワグマ」（p.80）のように仕入れルートを開拓するなど、力を注いできた。そのため「なるべく仕事をせず、素材を楽しんで欲しい」（内田氏）と話すシンプルかつ香辛料を抑えた料理を中心とする。その一方で、フカヒレを腐乳で煮込み、食べ終わると残ったソースにご飯を加えてリゾット風にし、白トリュフを散らすなど、独自性の高い手を加えた料理も組み込んで驚きもプラス。チーズやキャビアといった西洋食材を使い、酸を意識した味づくりで、近年力を入れるワインやシャンパーニュとのマリアージュも提案する。また日本料理の影響から器にもこだわり、景徳鎮の祥瑞といった名器を使うなど、店の格式を表現する。

今後はシェリーや日本酒も含め、ワインのペアリングコースを提案するなど、40代～60代の美食家の顧客を飽きさせない、インパクトと独創性のある料理を目指している。

オフィスとマンションが混在する大阪・江坂の中でも公園前の静かな立地に位置する。昨年のリニューアルを機にテーブル席を減らし、アンティークの調度品を配してより落ち着く空間に。

住所／大阪府吹田市江坂町1-21-39
電話／06-4861-7228
営業時間／17:30～23:00（21:30L.O.）
定休日／日曜日
規模／20坪・20席
客単価／20,000円

すぐき菜入り広東粥
蔬茂菜広東粥

「滋養の高さや胃への優しさがストレスフルな現代人に合い、昨今の健康志向と合う」(内田氏)と考え、開店当時から看板に掲げる広東粥。無農薬の熊本県産ヒノヒカリを2時間炊いた粥をさらに貝柱を加えた清湯で炊いて、仕上げに季節の素材を加える。ポイントは金華ハムを贅沢に使って作る清湯。その旨味を存分に吸わせ、花が咲くまで炊くことでとろみのある食感に仕上げている。今回の具には、自然農法で作るフレッシュのすぐき菜を使用。シンプルに塩でもみ、風味を凝縮した。飲んだ後のシメとしてコースの終盤で提案することが多いが、今回は先付けに続く、コース1皿目の前菜として提供。最初に胃を温めて食欲を刺激し、ホッとさせる狙いだ。また椀に装い、折敷の上に供することで中国料理らしからぬインパクトを狙った。(作り方p.82)

ツキノワグマ背骨の醤油煮込み
紅焼脊柱狗熊

旨味や甘味、さらりとした脂を持つ味わいに内田氏が魅了されたクマを使った主菜。今までアナグマやハクビシンといったジビエを使ってきたが、昨年頃から猟師と直接やりとりして納得のいくクマを仕入れるルートを開拓。今回は長野県産４歳雄のツキノワグマ背骨を使い、高温で揚げて煮崩れないように固め、甘辛いタレで２日間煮込んだ煮込み料理に。クマのだしが滲み出た煮汁に豆豉を加えてとろみをつけ、クマの煮込みにあんをかける料理とした。ジビエの臭みを消し、食感を添えるセロリの爽やかな香りも心地いい。また器にもこだわり、美術品とも言える400年前の窯元、漳州窯の赤絵大皿に盛り付けて客前でクマの骨を外して取り分け、提供する。こうした「日本のジビエも取り入れて独自性を出したい」と内田氏は話す。（作り方p.84）

酔っ払い上海蟹
酔蟹

毎年上海蟹の時期にだけ提供する季節の名物。同店では白子入りのオスは260gと大きいものを仕入れて蒸して食べるが、味噌が多いメスは味噌と相性のいい紹興酒漬けに。熟成香が芳しい15年ものの壺熟成の紹興酒にこだわり、醤油や砂糖、薬味を加えたつけ地を作り、今回は１杯140gのメスを４～５日漬け込んだ。提供時は食べやすいようハサミを入れて盛り付け、「開ける楽しみ、遊び心を添えた」（内田氏）と、上海蟹を覆うように赤大根のスライスを置いて提供。また、醤油ベースのタレに漬け込んだワタリガニにご飯を加えて食べる韓国料理、カンジャンケジャンをヒントに、一口サイズのご飯も添えて提供し、残ったタレにご飯を加えて食べてもらう趣向とした。（作り方p.86）

残ったタレにご飯を加えて食べることを勧め、2度楽しめるプレゼンテーションに。

色鮮やかな赤大根を被せて提供し、目を惹くと同時に、開ける楽しみも演出する。

すぐき菜入り広東粥

材料

お粥の素A（仕込み量）
米（ヒノヒカリ）…2合
ピーナッツオイル…大さじ2
水…400mℓ（米の10倍）

お粥の素B（仕込み量）
お粥の素A…200g
清湯…約1000mℓ（お粥の素の4～5倍）
干し貝柱（水で戻したもの）…30g
ねぎ油…大さじ2
塩…適量

仕上げ（1人前）
お粥の素B…100g
すぐき菜（フレッシュのもの）…適量
塩…少々

1
米は洗ってピーナツオイルをまぶし、30分おいて水気を切る。

2

鍋に湯を沸かして1を加え、弱火で2時間炊き、お粥の素Aを作る。できたら冷まして保存容器で冷蔵保存する。

3
鍋に清湯と2のお粥の素を加えてビーターで混ぜながら中火で加熱する。

4

3がなめらかになったら戻した干し貝柱とねぎ油を加えて塩で味を整えお粥の素Bとする。
▶ここまで営業までに仕込んで冷蔵保存する。できたてよりも味がまろやかになる。

5

すぐき菜は粗みじんに切って塩もみし、水気を絞る。

6

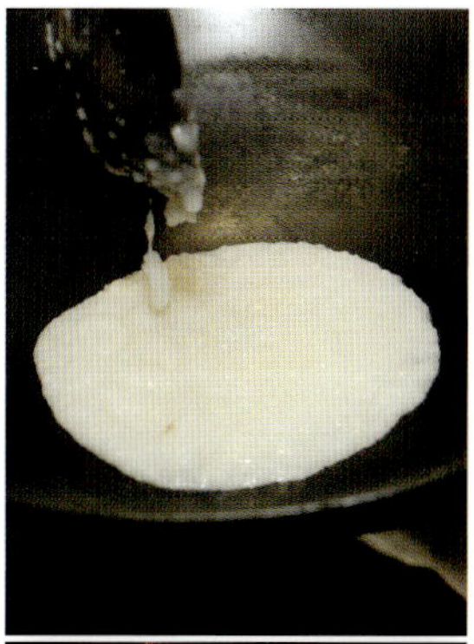

提供前に4を中華鍋に加えて温め、沸いたら5を加え温まったら火を止めて盛り付ける。

ツキノワグマ背骨の醤油煮込み

材料（仕込み量）

ツキノワグマ背骨…3kg
中国醤油（生抽王）…大さじ5
中国たまり醤油（老抽王）
…大さじ5
菜種油（揚げ油）…適量

煮込みダレA
白ねぎの頭…適量
生姜…適量
菜種油…適量

煮込みダレB
濃口醤油1対酒1対ザラメ0.5対黒酢0.5対水40が、素材が完全にかぶる分量

仕上げ（1皿分）
セロリ（斜め切り）…適量
菜種油…適量
オイスターソース…30g
中国醤油（生抽王）…大さじ½
自家製豆豉醤…大さじ2＊1
ツキノワグマ背骨の煮込みダレ
…200mℓ
水溶き片栗粉…適量
ねぎ油…15mℓ
ごま油…5mℓ
蒸しパン…1個

＊1
自家製豆豉醤は鍋に油をひいてニンニク、生姜を加えて香りをだし、豆豉と唐辛子を加えて香りが出たら菜種油とごま油を加えて炊く。仕上げに小口に切った万能ねぎを加えて混ぜ合わせたもの。

1
ツキノワグマの背骨は10㎝幅にぶつ切りにし、中国醤油、中国たまり醤油をふりかける。

2
280℃に熱した菜種油で1の表面が色づくまで揚げる。

3
2を茹でこぼしてアク抜きをする。

4
中華鍋に菜種油をひき、煮込みダレAのねぎと生姜を炒め、香りが出たら煮込みダレBと3を加えて2日間弱火で炊く。上に浮いてきた油脂とアクは随時取り除く。ここまで仕込んでおく。

5

セロリは食感が残る程度に湯通しする。

6

4のツキノワグマ煮込みは、1皿分300gを100℃のスチコンで煮汁ごと蒸して温める。

7

中華鍋を熱して菜種油をひき、自家製豆豉醤を加えて強火で炒める。香りが出てきたらツキノワグマ背骨の煮汁を加えて炊き、中国醤油とオイスターソースで味を調え、水溶き片栗粉でとろみをつける。ねぎ油とごま油を少量まわしかける。

8

器に5を敷いて6を盛り付け、7の豆豉ソースをかける。

9

大皿をお客に見せ、客前で盛り付けて蒸した蒸しパンと一緒に提供する。

1

上海蟹はたわしなどでよく汚れを洗い落とし、水の中で泳がせて落ち着かせてから水からあげる。

2

1に白酒を振り、10分おく。

3

2に紐をかけてつけ汁に4日~5日漬け込む。

酔っ払い上海蟹

材料(1人前)

上海蟹(メス)…1杯
白酒…適量

仕上げ

つけ汁…大さじ1*1
赤大根(スライス)…1枚
ご飯…少量

*1

つけ汁

■材料(仕込み量)

塩…ひとつまみ
濃口油…200mℓ
紹興酒(紹興貴酒15年壺)
…600mℓ
上白糖…50g~(お好みで調整)
生姜…適量
白ねぎの頭…適量
実山椒…適量
シソの葉…適量
鷹の爪…適量

■作り方

1 つけ汁の材料を全て保存容器に合わせて混ぜ、約1ヶ月間冷蔵してまろやかにする。

4

つけ汁から引き上げたら、紐を切って爪と足の関節を外す。甲羅を開けてエラや砂袋を取り除く。

5

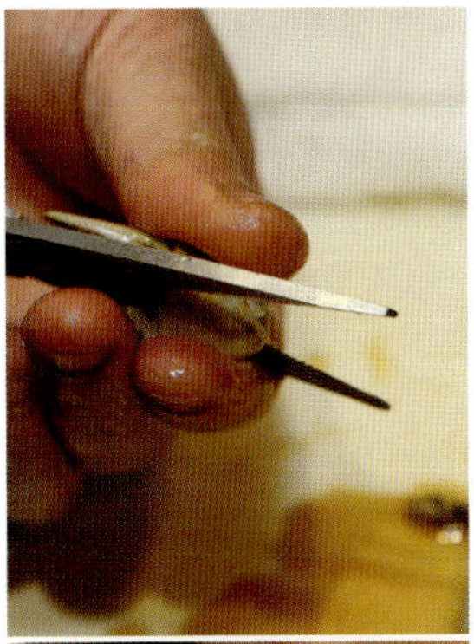

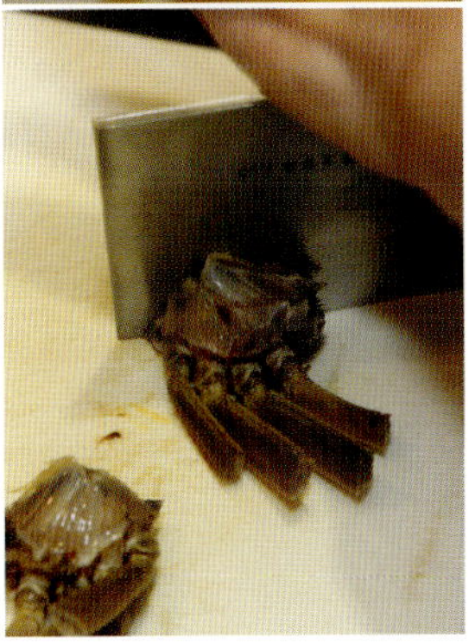

爪は食べやすいよう切り込みを入れ、胴は半割りにする。

6

器に盛り付け、甲羅につけ汁を注ぐ。

7

6に赤大根のスライスを被せ、少量のご飯を添えて提供する。

8

甲羅の中にご飯を入れて、つけ汁に浸して食べてもらう。

中国菜

大鵬

タイホウ

1981年京都府生まれ。調理師専門学校卒業後、「しょうざん桜蘭」（京都・京都市北区）を経て、四川省での研修や京都市内のレストラン数軒を行き来し、父が1974年に創業した「大鵬」に2005年入店。

オーナーシェフ

渡辺幸樹

日本の発酵食品を用い、ワインと提案する2代目の探究

１９７４年に渡辺敏博氏が創業し、現在は2代目の幸樹氏を中心に、親子で厨房に立つ「大鵬」。ご飯に甘辛く炊いた豚肉を盛る「てりどん」など、敏博氏が考案し創業時から提供する名物や大衆中華の定番に加えて幸樹氏による独自性の高い料理が並ぶ。常に満席の店内は定食を食べる一人客からファミリー層、ワインとコースを楽しむ美食家など老若男女が入り混じり、客単価も８００～2万円と幅広い。

2代目の幸樹氏は修業時代に「大衆中華への反発もあり、現地の味を知りたい」（幸樹氏）と考え、日本と四川を頻繁に往来して四川や香港の料理を習得した。05年に「大鵬」の厨房へ入ってからは本格的な四川料理を提供。味の要となる食材は現地から買い付けるなどして「当時はよりリアルな四川の味を追求していた」と話す。そんな料理の考えに転機が訪れたのは13年頃。代々受け継がれてきた醸造方法から素材を活かす考え方で独自の醸造スタイルへ変え、ヴァン・ナチュールを造る新世代のワイン生産者の存在と味を知り、境遇や考えを重ねた幸樹氏は以来オリジナルの料理を追求するように。

現在は四川や香港の料理をベースに、近くで手に入る新鮮な食材を取り入れ、また今回紹介した料理に使うアユの熟鮓の飯や一休寺納豆など、日本の発酵食品を掘り起こして利用し、中国料理に。「旨味が強すぎると美味しくないため、味づくりでは酸とのバランスが重要。しかしその酸は酢ではきつい」と考え、発酵食品の酸味を利用して味のバランスを図る。また豆板醤や芝麻醤、酒醸なども自家製するなど、発酵の世界を掘り下げている。

ヴァン・ナチュールとの提案が口コミで広がり、現在はワイン好きが訪れる店として知られるように。料理は要予約のコース６５００円～を用意するほか、アラカルト50品は昼夜共通とし、一人客のために½や¼ポーションにも対応する気軽さも併せ持つ。「リニューアルしてレストランにすることも考えたことがありますが、てりどんを食べるお客様を見てこの姿が当店だと思った」とお客の多様な使い方を受け入れる幸樹氏。今後は、「皆で楽しみながら勉強したり、働く環境を整え、スタッフの育生に力を入れたい」と話している。

マンションが立ち並ぶ京都・二条の駅近い立地。35坪32席を厨房5名、ホール5名のスタッフで切り盛り。うち2名がソムリエの資格を取得するなど人材育成やサービスにも力を入れる。

住所／京都府京都市中京区西ノ京星池町149
電話／075-822-5598
営業時間／11:30～14:30、17:30～22:00（L.O.）
定休日／火曜日　水曜不定休
規模／35坪・32席
客単価／800円～2万円

鶏のトサカ 九条葱と春竹の子炒め 一休寺納豆の香り
加冠進爵

〝昇進〟を意味する鶏のトサカを使い、出世を祝う香港の伝統料理をアレンジ。本来はオイスターソースや醤油で味つけする料理を、長年四川料理に取り組んできた渡邊氏らしい味付けにし、「芽が出る」意味を持つ旬のタケノコと炒め合わせ、一休寺納豆、泡辣椒、九条ねぎで調味。なお一休寺納豆は近年、国内の発酵食品に注目する渡邊氏が豆豉に代わって用いる京都産の発酵食品。鶏のトサカに着目したきっかけは、欧州へ行った際、同業者たちがフードロス問題に積極的に取り組んでいたことから。「捨てるものがないのが中国料理の魅力。ならば自分も取り組める」(幸樹氏)と研究し、フードロスをテーマにしたイベントで提供した。鶏のトサカは酢水で柔らかくしてから、スパイスや煮汁を継ぎ足して作る滷水で味を含ませ、風味豊かなプリプリ食感に仕上げている。(作り方p.92)

季節の魚介 発酵漬物 米のスープ
堂灼酸菜海中宝

四川の家庭料理で、川魚を高菜や唐辛子と共に煮込む鍋料理「酸菜魚」から発想。海産物が豊富な日本で提供することから旬の魚介を使い、高菜に代わって白菜を発酵させた酸白菜と鮎の熟鮓の飯で味を構成するスープに仕立てた。一方で、客前でスープに海鮮をくぐらせて加熱する香港の提供方法を融合させ、スープに魚介をしゃぶしゃぶして楽しむ趣向に。季節感を感じてもらう料理として、寒い時期のコースに組み込む。「ゲストの卓上で一番美味しい状態に仕上げることができるのが魅力。しゃぶしゃぶで火の入り具合を変えたり、いろいろな方法でスープを楽しんでほしい」と幸樹氏。スープに炒飯やご飯を入れたり、そのまま楽しむなど、お客それぞれの楽しみ方があるという。（作り方p.94）

食材をお好みでしゃぶしゃぶに。スープの旨味と酸味で海鮮の臭みが抑えられる効果も。冬は麹漬けにしたブリやアンコウなども提供する。

豚足のパリパリ焼き
胞皮猪蹄

四川で流行した豚足の炭火焼をアレンジした一品で、今では店の看板メニューの一つ。塩漬け、塩抜き、下茹を経てから、滷水で炊いて乾燥させ、オーブンで下焼きし、提供前に本焼きする。ポイントは「塩抜きの具合と滷水の味」と幸樹氏。滷水はさまざまな食材を炊くごとに煮汁を戻し、スパイスを追い足す店の要で、旨味と香りが凝縮したスープだ。仕込みの工程は長いが、下焼きまで行えば提供時間が比較的早いオペレーションも魅力。唐辛子や花山椒、揚げたナッツなどを合わせた「干碟」を添えて出し、お好みでつけてもらう。スパイシーな風味と香ばしさが一体になり、カリカリのリズミカルな食感が止まらない。ワインと合わせるなら「豚足の油脂を切って爽やかな果実味と酸を持つペティヤン（微発砲ワイン）と合う」と幸樹氏は話す。（作り方p96）

鶏のトサカ　九条葱と春竹の子炒め　一休寺納豆の香り

材料（１人前）

鶏のトサカ（味を入れたもの）
…15個＊1
タケノコ…20g
白絞油（揚げ油）…適量
ねぎ油…大さじ1
九条ねぎ（斜め切り）…10g
泡辣椒…15g
一休寺納豆
（刻んだもの）…2g＊2

塩ダレ
清湯…大さじ2
塩…小さじ½
砂糖…小さじ少々
老酒…小さじ1
水溶き片栗粉…大さじ½

＊1
材料（仕込み量）
鶏のトサカ…15個
水…2ℓ
酢水…3ℓ（うち酢は1割）
滷水…1ℓ
■作り方
1 鶏のトサカは水から15分弱火で炊いて流水で洗い、冷たい酢水に1時間浸し、1時間流水に浸ける。
2 冷たい滷水に1を加えて1日浸す。取り出して保存する。

＊2
蒸した大豆に麹菌を混ぜた麹豆を塩水に浸して発酵させ、乾燥させた寺納豆。

1

ボウルに塩ダレの調味料を全て合わせておく。

2

鍋に白絞油を熱し、タケノコを油通しする。水分が抜けて薄く色づいたら引き上げて油を切る。

3

鍋にねぎ油をひき、斜め切りにした九条ねぎと泡辣椒を加え、鶏のトサカを加えて炒める。

4

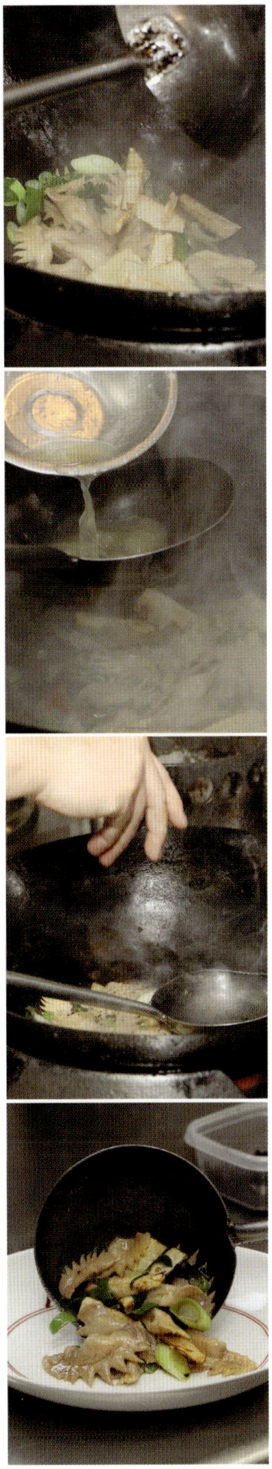

3が6割程度温まったらタケノコを加え、1の塩ダレを一気に加えて炒め、鍋を煽って味をまわしたら一休寺納豆を振って盛り付ける。

季節の魚介　発酵漬物と米のスープのしゃぶしゃぶ

材料（１人前）

スープ
白絞油…大さじ1
酸白菜…20g*1
毛湯…280mℓ
熟れ寿司の飯…大さじ1*2
塩…少々

具材
ホタルイカ（生）…7杯
ミル貝…1本

*1
漬物専門店で仕入れた白菜や芥子菜の漬物の重量に対して3%の塩水に漬け込み、夏は冷蔵、冬は常温で2ヶ月～3ヶ月発酵させたもの。

*2
岐阜県の鮎の熟れ寿司専門店から仕入れる熟鮓の「飯」

1

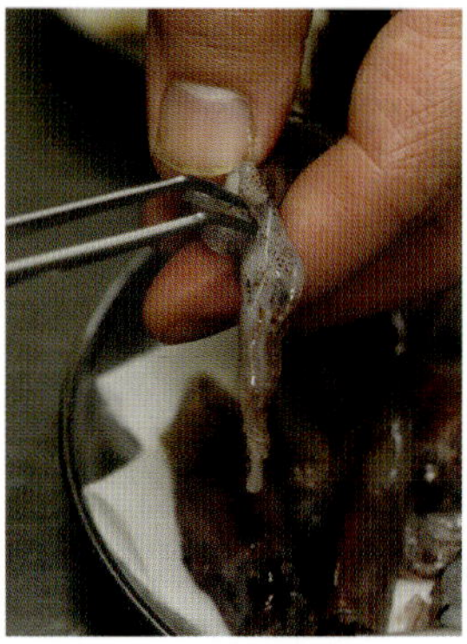

ホタルイカはくちばしと軟骨を取り除く。

2

ミル貝は殻を開けて外し、内臓を取り除いてさっと湯通しして皮を剥き、水管を開いてそぎ切りにし、塩水で洗う。

3

鍋に白絞油をひいて熱し、酸白菜を汁ごと加えて油と乳化させるように加熱する。

4

香りが出てきたら毛湯を加え、沸いてきたら熟れ寿司の飯を加えて混ぜ、塩で味を調える。

5

4を土鍋に盛り付けて熾した炭をセットし、1と2を小皿に盛り付けて一緒に提供する。

豚足のパリパリ焼き

材料(仕込み量)

豚足…10kg

下味

塩…豚足の重量の3%
ねぎ頭…12本分
生姜の皮…100g

下茹で

紹興酒…200mℓ
花椒(ホール)…20g
ねぎ頭…8本分
生姜皮…50g
水…12ℓ

本茹で

滷水…豚足がかぶる程度の量*1

仕上げ

干碟(ガンディエ)…適量*2

*1
八角、経皮、陳皮、月桂樹、山奈、砂仁、草加、花椒、フェンネルシード、甘草、カルダモンを、水から1時間炊いて濾し、グラニュー糖と塩で味付けしたもので、豚足やスペアリブ、牛肉、鴨の手羽、鶏ガラを煮込んだ料理に使い終わったら冷まして追い足すことを続けているもの。

*2
朝天辣椒、満天辣椒、揚げた大豆、揚げたピーナッツ、揚げたカシューナッツ、炒ったごま、花椒、青山椒をミキサーで粗く挽いたもの。

1
豚足は前爪と後ろ爪の4箇所を骨切り包丁で切り落とし、爪と爪の間の毛をくり抜くように取り除く。

2
1と塩、花椒、ねぎ頭、生姜の皮をボウルに合わせ、離水するまでもむ。全てを専用フィルムに入れ、真空にかけて1日冷蔵保存する。

3
2のフィルムから取り出し、流水に1時間浸して塩抜きする。

4
鍋に下茹での材料を合わせて3を加え、水から1時間茹でる。途中、アクをひく。

5
4の水分を茹でこぼし、豚足を一度流水で洗う。ペーパーで水気を拭き取る。

6
鍋に滷水と5を加え、冷たい状態から一度沸かし、弱火で1時間炊く。

7
6から豚足を引き上げてバットなどに置き、扇風機を当てて24時間乾燥させる。鍋に残った滷水は冷めたら滷水を保存する容器に戻す。

8

乾かした豚足は162℃のスチームコンベクションオーブン（湿度0%）に入れて35分焼く。出したら冷ます。

▶ここまで仕込んでおく。

9

仕込んでおいた豚足は、注文が入ったら260℃のスチームコンベクションオーブン（湿度0%）で3分～5分焼く。

10

9を関節に沿ってカットして皿に盛り、干碟を添えて提供する。

香港海鮮酒家

Lei UMun《レイユームン》

1983年大阪府生まれ、神戸育ち。大学卒業後、ウェスティンホテル大阪『故宮』で5年、東京の中国料理店、『聘珍楼大阪本店』で5年間経験を積み、2016年6月兵庫・住吉にて独立開業。

オーナーシェフ
鍾《しょう》 富行《とみゆき》

幼少期から親しむ香港の食文化を現代的に表現。

香港人で料理人の父と日本人・大連人のハーフである母を持ち、幼少期から神戸と香港を往来する鍾 富行氏が、2016年に〝香港海鮮料理〟をコンセプトにオープンした「レイ・ユームン」。コース主体の料理は、香港をよく知る鍾氏が、現地で愛される定番料理をベースに、淡路島や瀬戸内といった近海の鮮魚を取り入れ、繊細な火入れと華やかな盛り付けを追求して現代的に表現。味付けはシンプルにして主素材を際立たせながらも「シャラン鴨~」（p.99）の沙姜粉や五香粉で下味をつけた鴨や「老酒漬け~」（p.100）のハマナス酒が香る上海蟹、「吉次姿~」（p.101）の龍井茶の香りなど、香港らしい香りを重視して北京料理や四川料理といった他の4大料理との差別化を図っている。

開業時は、当時香港でも多かったヌーベル・シノワに影響を受け、トリュフやフランス産小鳩といった西洋食材を積極的に取り入れていたというが、現在は名物のシャラン鴨の焼き物以外は海外産の西洋食材を控え、「いい仕入先も増えてきて、より日本の素材に力を入れ、料理自体は古典料理に回帰している」と鍾氏は話す。

1ヶ月~2ヶ月に一度変わるコースは昼が8品3500円、食材がグレードアップする8品5000円を用意。夜は満足感のある高級魚を盛り込んだ9品6500円と食材がグレードアップする1万円を用意する。

コース構成では「品数が多いのに食後感が軽い」と鍾氏が考える和食の構成を意識して前菜5種盛りや造りなどを組み込んで終盤に行くほど軽くなるように。中でも看板の広東式焼き物は、香港では前菜として知られるが、赤ワインと合わせてもらうよう主菜とし、香港の味をそのまま表現した料理とモダンな料理を織り交ぜて緩急をつけている。

また開業1年後からはお客の要望に合わせてアラカルトも提供し、幅広い使い勝手に対応。ソムリエの資格を持つ鍾氏が提案するワインとのペアリングも奏功し、30代後半から年配の女性客を中心に支持を集めている。今後はより中国の古典料理にも着目しながら、香港の〝今〟を映した料理を提供し続けたいと話している。

有名私学が集まる文教地区で、富裕層の住宅地としても知られる神戸・住吉の駅から近い立地。テーブル5卓を並べるフロアは18年1月に間仕切りを設置してよりくつろげるよう改装した。

住所／兵庫県神戸市東灘区住吉本町1-4-8石橋ビル1F
電話／078-862-3578
営業時間／11:30~15:00(L.O.13:00)、18:00~22:00(L.O.20:30)
定休日／火曜・その他不定休あり
URL/ http://www.lei-u-mun.com
規模／20坪・22席
客単価／昼3500円~5000円　夜6000円~8000円

シャラン鴨の広東式ロースト

広東式焼鴨

香港では丸鶏を吊るして専用の釜で焼くローストダックを、シャラン鴨を使い、繊細な火入れを追求した主菜。伝統的な焼物のように下味を入れて乾燥させてから、低温のスチコンで下焼きし、オーダーごとにオーブンに入れて加熱と休ませることを繰り返してロゼ色に焼きあげた。現代的な火入れを行う一方でソースは北京ダック味噌や蘇梅醤、花椒塩を添えて伝統的に。さらに季節の野菜を添え、甘く炊いたナツメを口直しとした。香港では一般的に、焼き物料理は前菜の一品とするが、鐘氏は赤ワインと合わせたいと考え、メインの位置付けに。「四川や北京料理など、他の地方の中国料理と差別化をはかり、ワインが進むように」（鐘氏）という考えから香りを大切にし、下味では沙姜粉や五香粉といった香港らしいスパイスを使う。（作り方p.102）

老酒漬け活上海蟹の中国風茶碗蒸し
蒸蛋酔大閘蟹

香港で愛されるカニの茶碗蒸しをレストランの一品に昇華。現地では生か蒸して食べることが多い上海蟹の紹興酒漬けを組み合わせ、蒸した茶碗蒸しに上海蟹の紹興酒漬けを重ねてさらに軽く蒸し、ナンプラーが香る香港の調味料、魚汁(ユーチャー)と熱したねぎ油をかけ、カニからにじむ旨味ごと味わう一品とした。香港ではカニと卵液を一緒に蒸すことが多いが、２段階に分けることでカニは火を入れすぎず、紹興酒の香りを際立たせることを狙った。また、野菜のスープにナンプラーや海鮮醤油などで味付けする「魚汁」は、年配客が多い同店の客層に合わせて醤油を控え目にし、だし感を強調。百合根や銀杏、椎茸といった日本人にも馴染みのある具をのせた茶碗蒸しのやさしい味わいに、広がる華やかな香りと海鮮の旨味が印象に残る。（作り方p.104）

吉次姿と黄韮の龍井茶炒め

龍井炒石狗公

形、色、香り、味の良さから「四絶」と言われる杭州市特産の緑茶、龍井茶を使った炒め物。その香り高さから、龍井茶葉とエビをざっと炒める香港の定番料理を、金目鯛でアレンジした華やかな一皿だ。金目鯛は下味をつけてから茶巾絞りにして油に通し、崩れないようにして美しい見た目に。また、龍井茶はそのまま茶葉を使わず、粉末とオリーブオイルに漬け込んで香りを移した龍井オイルとした。黄ニラや金針菜、紅芯大根を金目鯛と共に龍井茶の粉末や塩、砂糖でシンプルに炒め、龍井オイルを仕上げにプラス。「青々とした香りが日本人に合っている」と鐘氏が考える龍井茶と黄ニラの豊かな香りに加え、炙った金目鯛の頭を器に盛り込んでテーブルに運ばれた時の香ばしい香りも演出した。（作り方p.106）

シャラン鴨の広東式ロースト

材料（仕込み量）

シャラン鴨…250g
ねぎの頭…20g
生姜…15g

下味A
塩…80g
グラニュー糖…60g
沙姜粉…3g
五香粉…3g

下味B
水飴…50g
白酢…40g
中国たまり醤油…3g
紹興酒…30g
塩…小さじ1

仕上げ（1人前）
ナツメ（戻したもの）…1個＊1
穂付きタケノコ…1切れ
ねぎ（付け合わせ用）…適量
北京ダック味噌…適量＊2
蘇梅醤…適量
花椒塩…適量＊3

＊1
ナツメはひたひたの水に浸して一晩置いて戻し、シナモン、生姜、上白糖を加えて加熱し、ふっくら皮が張るまで炊いたもの。

＊2
桜みそ100g、海鮮醤60g、芝麻醤100g、濃口醤油100g、上白糖250g、ごま油25g、戻し陳皮末10g、生姜（みじん切り）5g 、ニンニク（みじん切り）5gを小鍋に合わせて混ぜ、弱火で加熱したもの。

＊3
花椒塩はプーアール茶葉をミルサーで粉砕し、粉山椒、五香粉、炒り塩を混ぜたもの。

1
鴨肉はさっと水洗いし、水気を拭く。
▶洗いすぎると旨みとなる血が抜けるので、流水に浸して洗わない。

2

下味Aの調味料をあわせ、手で均一に混ざるよう混ぜる。

3

ボウルに叩いたねぎの頭と生姜、鴨肉に対して1.3%の2を1に揉み込む。

4

調味料の粒子がなくなったらラップをして30分おきに返しながら2時間おく。

5

4をザーレンにとって皮が張るまで沸かした湯をまわしかける。

6

下味Bを中華鍋に合わせて加熱し、軽く沸かす。ザーレンに5をとってまんべんなく両面にまわしかける。

7

赤身の部分だけにアルミホイルを被せ、寒い時季は扇風機の風を当て、暑い時季は冷蔵庫で一晩乾燥させる。

8

アルミホイルを外し、スチームコンベクションオーブンに入れてオーブン機能80℃（湿度0%）で芯温が55℃になるまで下焼きし、冷ましたら半日間冷蔵保存する。

9

8を常温に戻し、90℃前後の台下オーブンやホットライトの下など温かい場所に出したり入れたりしながら約60分火入れをする。

▶火が入りすぎないようにする。

10

皮を上にして、ザーレンに置き、180℃～200℃に熱した白絞油をまわしかける。時折、ザーレンに皮目を下に置いて皮だけ揚げ、こんがり黄金色になるまで加熱する。仕上げに身の部分もさっと油に沈ませて加熱する。

11

素揚げした穂付きタケノコ、ぶつ切りにしてフライパンで焼き付けた焼きねぎ、ナツメを盛り付け、10を50gにカットして盛り付ける。北京ダック味噌、蘇梅醤、花椒塩を添える。

老酒漬け活上海蟹の中国風茶碗蒸し

材料（1人前）

上海蟹（メス）…1杯
ユリ根…10g
金針菜…2~3g
椎茸…1切れ
生姜(野菜のボイル用)…5g

上海蟹漬け汁（仕込み量）
ハマナス酒…40g
紹興酒…160g
中国溜まり…少々
砂糖…20g
鰹節…ひとつかみ
濃口醤油…200g
本みりん…20g
鷹の爪…2本
花椒…5粒
八角…1かけ
月桂樹…2~3枚

卵液
卵白…50g
清湯…130g
塩…3g
砂糖…少々
生クリーム…20g
上海蟹のつけ汁…大さじ1

仕上げ
甘酢生姜…2g*1
白ねぎ（白髪ねぎ）…3g
糸唐辛子…0.5g
ねぎ油…少々
片栗粉…少々
魚汁…30mℓ*2
パクチー…少々

*1
甘酢生姜
砂糖と酢を1対1で合わせ、せん切りにした生姜を漬ける。

*2
魚汁
魚汁A
■**材料**
中国片糖…1本
鷹の爪…2本
粒白胡椒…少々
玉ねぎ（ぶつ切り）…1玉
ニンジン（ぶつ切り）…1本
生姜（ぶつ切り）…50g
パクチーの茎…50g
ねぎ頭…1本分
水…5ℓ

魚汁B
■**材料**
ナンプラー…200g
海鮮醤油（シーズニング）…50g
濃口醤油…100g
■**作り方**
1 魚汁Aの素材を全て鍋に合わせて強火にかけ、水から2時間沸かす。
2 1に魚汁Bを加えて味を調える。

〈上海蟹下準備〉
1 上海蟹はハマナス酒入りの水（分量外）に浸してブラシでよく洗う。
2 漬け汁の材料のハマナス酒以外を全て小鍋に合わせ、加熱して沸騰直前で火を止め、ハマナス酒を加える。
3 2に1を3日間浸ける。

1

上海蟹は漬け汁から取り出し、甲羅を外してエラと内臓を取り除き、脚の関節を折る。

2

1の胴体をハサミで½にする。

3

1で折った足の関節の部分にハサミを入れて整え、食べやすいよう切れ込みを入れる。

4

蟹味噌を掻き出して甲羅と外しておく。

5

卵液の材料をボウルに合わせてビーターで撹拌し、漉す。

6

鍋に沸かした湯に、生姜を加え、鱗片にばらしたユリ根、殻を剥いた銀杏、石づきを落としてスライスした椎茸を茹でる。火が通ったら網にあげて数分乾燥させる。

7

深皿に5の卵液を流し、6のユリ根、銀杏、椎茸を並べ、ラップ紙をしてスチームコンベクションオーブンのスチーム機能90℃（湿度100%）で10分蒸す。

8

7に2、3、4を盛り付け、甘酢生姜を乗せてスチームコンベクションオーブンのスチーム機能90℃（湿度100%）で7分蒸す。

9

8に白髪ねぎと糸唐辛子を乗せ、熱したねぎ油をまわしかける。

10

魚汁に水溶き片栗粉を加えてとろみをつけ、9にかける。パクチーを飾る。

吉次姿と黄韮の龍井茶炒め

材料（1皿分）

キンメダイ…200g前後1匹

魚下味
塩…少々
白胡椒…少々
片栗粉…少々
紹興酒…小さじ1
卵白…少々
白絞油（揚げ油）…適量

合わせ調味料
粗塩…5g
お湯…180mℓ
カキ油…10g
龍井茶…2g
砂糖…2g

仕上げ
黄ニラ…10g
金針菜…3本
紅芯大根…1切れ
塩（野菜ボイル用）…適量
紹興酒…小さじ1
龍井茶粉末…ひとつまみ*1
龍井オイル…5~10滴*2
エディブルフラワー…適量
花穂紫蘇…適量

*1
龍井茶をミルサーにかけて粉末にしたもの

*2
オリーブオイルに龍井茶の茶葉を加えて一晩浸して濾したもの。

1

キンメダイは真水で洗い、口に箸を入れて内臓を取り出し、つぼ抜きにしてから頭と背骨、中骨をつなげたまま三枚におろす。上身と下身は一口大に切ってキッチンペーパーで水気を拭く。

2

1の上身と下身に塩、胡椒を振り、片栗粉と紹興酒、卵白を加えて軽くもみ、2時間冷蔵におく。

3

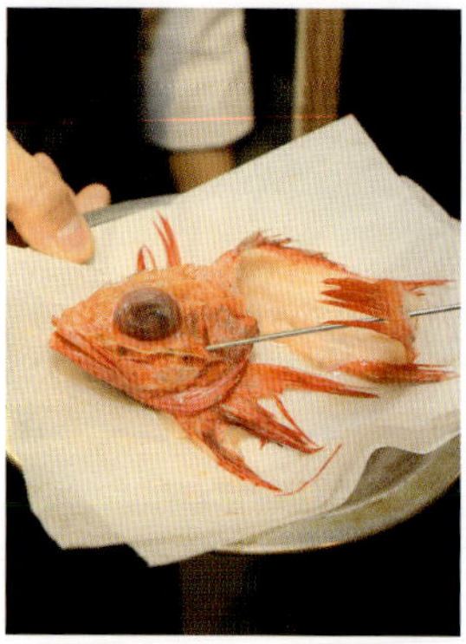

1の頭は金串を打ってバットに置き、スチームコンベクションオーブンのオーブン機能80℃（湿度0%）で火が通るまで焼く。

4

ラップ紙を広げ、2の皮目を下に置いてから巻き、巾着状になるよう包んで口をねじる。

5

スチームコンベクションオーブンのスチーム機能100℃（湿度100%）で5分~8分蒸す。取り出したら冷ます。

6

5のラップ紙をはずし、白絞油を180℃~200℃に熱して表面が固まるまで揚げる。

7

金針菜と銀杏切りにした紅芯大根を軽く塩を加えた湯で茹でて漉す。

8

中華鍋を熱して龍井オイルをひき、7の野菜を鍋に加える。紹興酒を鍋肌にかけ、黄ニラを静かに加えて崩れないように炒める。

9

お玉に合わせ調味料を合わせて味をみて、垂らしながら8に加え、魚が崩れないようさらに炒める。龍井オイルをまわしかけ、龍井粉を振る。

10

3をバーナーで炙って皿に盛り付け、9を盛り付けてエディブルフラワーや花穂紫蘇を飾る。龍井粉を振る。

中国酒家

大三元《ダイサンゲン》

山形県出身。都内のいくつかの広東料理店で修業をしたのち独立し、東京・錦糸町に1981年に『大三元』をオープン。

店主

齋藤喜仁

幅広い「海鮮もの」をメニューの中心に

東京・錦糸町でオープンして38年。途中、現在の場所に移転をして20年になる。『大三元』には親子二代にわたって通う常連も多く、昼も夜も満席が続く大人気店だ。平日のランチでも開店時間の前から並ぶお客も多い。

店の特徴にしているのは、海鮮メニュー。100種類以上のグランドメニューをそろえるメニューブックをめくっても、そのことは一目瞭然。「海鮮」でまとめたページがあるのではなく、「生いか」、「カニ」、「エビ」、「大エビ」、「ホタテ貝柱」、「アワビ・ナマコ」、「フカヒレ」、「白身魚」と魚介別にページを分けてメニューを掲載している。

海鮮そば、海鮮おこげ、海鮮焼きそば、海鮮炒飯など、定番メニューにも「海鮮」を付けたものが多い。コースでは要望によって肉料理を省いて野菜料理と魚介料理で構成することもある。

さらに、調理する海鮮類は、できる限り生で市場から仕入れる。そして、「ボタンエビの老酒漬け」(p.111)のように、北海道産の活きボタンエビが市場で仕入れられなかったら出さない。

開業時から店主・齋藤喜仁シェフが築地(当時)で鮮魚を毎朝仕入れてきた。「揚げたり炒めたりする中華料理なのに」と、鮮度のいい魚介類を中国料理店の店主が市場にまで来て毎日仕入れることを当時は市場の人から珍しがられたという。

毎朝仕入れる鮮魚は、定番メニューはもちろん、季節ごとに約30品ほども用意する季節のおすすめ料理に仕立てる。

たとえば、春なら、「早堀りタケノコと大エビの炒め」、「ホッキ貝のねぎソース和え」、「小ヤリイカの豆鼓蒸し」。夏なら、「岩ガキのねぎ生姜蒸し」、「平目の生ウニはさみ揚」げ。

秋には、「秋サバの中国味噌蒸し」、「ツブ貝の黄ニラ炒め」。冬には「白子入り四川スープ」、「虎河豚のねぎ生姜蒸し」「生カキの豆鼓炒め」などなど。豊富な季節の鮮魚メニューを出し、その内容も毎年変えている。

「汁なし辣油醤麺」(p.110)のほかにも、オリジナルの麺料理として、「葱叉焼煮込み麺」、「冷し辛味噌麺」が人気。人気メニューが幅広くあるのは、長年にわたり評判を高めてきた店ならではだ。

駅から徒歩6分ほどの立地。ランチの開店前から並ぶ人も多い。夜は予約制で、予約でいっぱいになることが多い。長年の人気店なので、名物メニューも多い。

住所／東京都墨田区太平3-4-1
電話／03-3625-9554
営業時間／11:30~14:00 (L.O.13:45)　17:00~20:50(L.O.)
定休日／月曜日と月1回火曜日
規模／30坪・45席
客単価／昼1200円　夜8000円

ワタリガニの胡南ソース炒め
胡南梭子蟹

活きのメスのワタリガニが市場から仕入れられたときだけ提供する。これは、赤い内子がおいしい3月の時季に撮影したもの。味付けは、酢っぱ辛い胡南ソース。ワタリガニは一尾を4つに切り分けて油通しする。このワタリガニに胡南ソースをまとわせるように、胡南ソースの水分を飛ばしながら炒め合わせる。かぶりつくとワタリガニの旨味と胡南ソースの酢っぱ辛い味わいが口の中に広がる。豪快に食べてもらうのがおいしいので、ワタリガニは大きく4つに切って調理する。（作り方p.112）

汁なし辣醤麺
辣醤担々面

幅広い客層から注文される、同店のオリジナル麺として提供している麺料理で、名物メニューの一つ。豆板醤と細麺の中華麺を鍋で炒め合わせ、しっかり辛味を麺にからませるのが特徴。混ぜやすい長さに切った貝割れ菜を山盛りのせ、麺と混ぜながら食べてもらう。麺と一緒に炒めるタケノコ、椎茸の歯触りがいいアクセントにもなる。貝割れ菜を混ぜて食べるとまた違った歯触りの良さが楽しめる。また、貝割れ菜の混ぜ具合で辛味も調整でき、シンプルだがいろいろな食べ方ができるのも人気要素になっている。（作り方p.114）

ボタンエビの老酒漬け
喝酔牡丹虾

年中提供するメニューではあるが、北海道産の活けボタンエビが市場から仕入れられないときは出さない。老酒のタレには活けのボタンエビをそのまま漬ける。漬け過ぎると食べたときにタレの味が勝って、鮮度のいいボタンエビの風味や甘みの印象が残らないので、漬け加減の見極めがポイントになる。2日ほど漬けるのを目安にしているが、毎回、加減しながら漬ける時間を調整する。（作り方p.116）

ワタリガニの胡南ソース炒め

材料

ワタリガニ…1尾
胡南ソース…適量*1
香菜…適量

*1
胡南ソース
■材料
ねぎ(みじん切り)…500g
豆豉…200g
一味唐辛子…100g
水
黒酢
■作り方
1 ねぎ、豆豉、一味唐辛子を合わせ、水と黒酢を合わせたものを同量混ぜる。

1

ワタリガニは甲羅を取り、半分に切って、それぞれを半分に切る。油通しする。

2

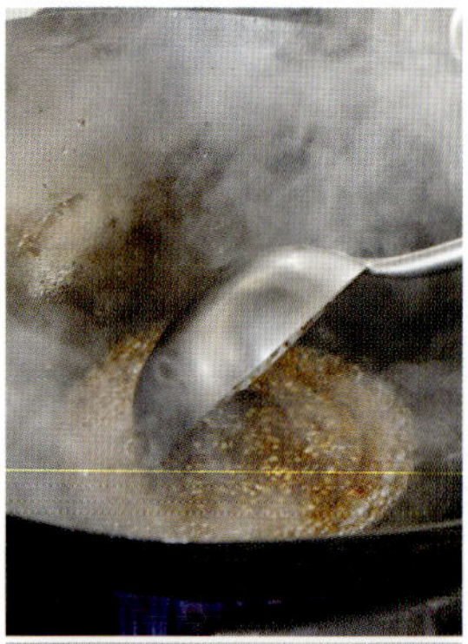

鍋に油をなじませて熱し、胡南ソースを沸かす。

3

油通ししたワタリガニを合わせて、強火で胡南ソースをワタリガニにからめるように炒める。

4

甲羅とともに飾り、香菜を飾る。

汁なし辣醤麺

材料

中華麺
肉味噌＊1
ニンニク（みじん切り）
生姜（みじん切り）
タケノコ（みじん切り）
椎茸（みじん切り）
ねぎ（みじん切り）
ニラ（小口切り）
豆板醤
スープ
醤油
ラー油
塩
砂糖
山椒粉
胡椒
貝割れ菜

＊1
肉味噌
1 豚挽き肉を甜麺醤で炒める。

1

鍋に油を熱し、ニンニク、生姜を炒めて、豆板醤を加えて炒める。

2

タケノコ、椎茸、肉味噌を合わせ、スープ、醤油、ラー油、塩、砂糖、山椒粉、胡椒で味付けする。

3

茹でた中華麺を合わせる。麺をほぐしながら、ムラがないように炒め合わせる。

4

ニラを加えて、全体に混ぜ合わせて皿に盛り付ける。

5

貝割れ菜を上に盛り付ける。

1

老酒のタレの材料を混ぜ合わせる。

2

活けのボタンエビを老酒のタレに2日ほど漬ける。

ボタンエビの老酒漬け

材料

活けボタンエビ
老酒のタレ*1
香菜

*1
老酒のタレ
■材料
生醤油…100ml
老酒…75g
砂糖…30g
粒山椒…適量
唐辛子…適量
生姜(薄切り)…適量
ねぎ…適量

中国料理

豊栄 ホウエイ

東京・目黒の『香港園』、横浜『景徳鎮』、千葉・柏の『麗宮飯店』を経て、
東京・渋谷『『月世界』にて料理長兼店長を務め、2016年に独立。

オーナーシェフ
進藤浩二

自家製醤で個性ある、また来たくなる味わいに

『豊栄』は、四川料理、上海料理をベースにしながら、古典料理からオリジナルの料理を提供し、人気を呼んでいる。グランドメニューは50品で、それに日替わりのおすすめ料理を10品ほど用意している。アラカルトで注文をする人が多い。

進藤シェフのモットーは、高級食材に頼らず、身近な食材でおいしい中国料理を作ること。しかも、オリジナリティのあるメニューを出すことを重視している。

進藤シェフが目指すオリジナリティとは、創作の意味だけでなく、他店では出さない中国の古典料理にも着目することも含まれる。

『豊栄』の名物料理の一つ、「丸鶏の八宝詰め蒸し」は上海料理の古典料理を再現したもの。丸鶏から骨を抜いて魚介や野菜など10種類ほどを詰めて蒸す高度な技術がいる料理。要予約で注文を受けるが、人気が高い。古典料理も出し、「こんな中国料理もあるんだ」と、グルメなお客にも嬉しい驚きを与えられる料理を大切にしている。

また、古典料理も大切にするのは、中国料理の料理人を目指す若者が近年は減っているので、彼らに中国料理の魅力と奥深さを伝えたいためでもあると進藤シェフは言う。

味づくりでは、自家製で醤を用意して個性を追求している。

店名を冠した豊栄醤は、ピーナツオイルをベースに干し海老、エシャロット、ココナッツ、唐辛子で作るマレーシア醤を応用したもの。玉ねぎ醤は玉ねぎ、ニンニク、セロリをピーナツオイルで炒めて作る。

ほか、芽菜醤、生姜醤、担々麺醤、沙茶玉ねぎ醤を自家製。XO醤も店で作る。この自家製醤は、「自家製醤の盛り合わせ」（１８００円）というメニューにもしている。別添えの野菜（たとえば大根の薄切り）で盛り合わせた５種類の自家製の醤を包んで食べてもらい、アミューズやおつまみとして楽しんでもらう。

お酒の品ぞろえにも工夫をしている。中国酒は紹興酒をはじめ、中国各地のものを常時８種類以上用意する。３種類の中国酒を飲み比べられるセットも提供し、評判がいい。多い日ではアルコールの売上げ比率が50％を超えることもあるという。

最寄りの東京・茗荷谷駅から徒歩10分。静かな住宅地の一角。1か月先まで予約で満席という人気店になっている。

住所／東京都文京区小石川5-38-14　KDビル1階
電話／03-3868-3714
営業時間／11:30~14:30（土曜日・日曜日・祝日のみ。入店は13:30まで。
火曜日は要予約のみ）　17:30~22:00（L.O.21:00）
定休日／水曜日・木曜日（祝日の場合は営業し、別日に休業）
規模／10.5坪・16席
客単価／昼3000円　夜6000円

オニカサゴの台湾バーベキュー煮込み

沙茶煮時魚

カサゴの他、タイやキンメダイ、メバルなどの淡泊な白身魚をおいしくする料理。台湾料理の炒めた玉ねぎを煮込みに使う料理をヒントに開発。魚は水から炊くことが多いがスープで煮たほうが風味がよいのでカサゴのアラで取ったスープで炊いた。カサゴのスープは強火で炊いて乳化した白濁スープにする。スープには自家製の沙茶玉ねぎ醤を加えてほんのり甘くする。沙茶玉ねぎ醤は、自家製の玉ねぎ醤と西安の沙茶醤、オイスターソース、ニンニク、生姜を炒め合わせて作る。豆乳を合わせてまろやかな味わいに仕上げる。（作り方p.122）

スモークダック
樟茶鴨脯

四川ダックと呼ばれるスモークダック。パリッとした皮と、ほんのり甘い薫香が魅力の品。鴨ロースを漬けダレに浸けてからライチ紅茶の茶葉と生米と上白糖で燻製したのち、高温の油をかけて皮目をパリッとさせる。油をかけたら、肉を落ち着かせてから切る。そのまま食べてもいいが、蒸しパンにはさんで食べたり、好みでクミン塩、甜麺醤を付けて味わってもらうスタイルで提供する。蒸しパンは自家製で、これも人気商品の一つ。赤粉入り生地を合わせ、きれいな渦巻模様にして作っている。（作り方p.124）

雉モモ肉の芽菜醤蒸し
芽菜蒸雉肉

キジのモモ肉に芽菜醤などをもみ込んでから蒸す。芽菜醤は、芽菜とニンニク、豆板醤を炒めてつくるもの。たっぷりのねぎを盛って熱したピーナツ油をかけ、ねぎの香ばしさで食欲をそそる一品に仕上げる。蒸し汁に旨味が出ているので、蒸し汁をソースのようにキジ肉にからめながら食べるのもいい。キジのモモ肉はしっかりした噛み心地がある肉質なので、噛むごとに芽菜醤の風味やねぎの風味が混ざりあって口の中に広がり、味わいが深まる。（作り方p.126）

オニカサゴの台湾バーベキュー煮込み

材料

カサゴ
ねぎ油
生姜(スライス)
ねぎ
ニンニク(みじん切り)
紹興酒
沙茶醤
沙茶玉ねぎ醤(自家製玉ねぎ醤で作る)*1
醤油
砂糖
塩
ハルサメ
豆乳

*1
自家製玉ねぎ醤と、オイスターソース、沙茶醤を炒め合わせ、ニンニク、生姜を加えて弱火で炊いて沙茶玉ねぎ醤を作る。

自家製玉ねぎ醤

■材料

玉ねぎ…100g
セロリ…20g
ニンニク…5g
グラニュー糖…7g
チキンパウダー…2.5g
塩…2.5g
ピーナッツオイル…玉ねぎ800gに対して500ml

■作り方

1 玉ねぎ、セロリ、ニンニクのみじん切りをピーナッツオイルで5分ほど炒め、砂糖、塩、チキンパウダーで味付けする。
2 熱いうちにキッチンポットに入れて余熱で濃い飴色にする。この色になるまで鍋で炒めると苦くなってしまう。

1

カサゴのアラでスープを取る。鍋にねぎ油を熱し、生姜のスライス、ぶつ切りのねぎを炒め、カサゴの中骨、頭を広げてのせる。

2

混ぜないで、鍋をまわしてカサゴの身をくずさないように焼く。

3

裏返して焼いたら紹興酒をかける。

4

湯を沸かした鍋に移す。鍋にへばりついているところも、こそぎ取って入れ、強火で炊いて乳化させる。

5

カサゴは2か所、切れ目を入れる。

6

鍋にねぎ油を熱し、カサゴを焼く。鍋をゆすって鍋にくっつかないようにして両面を焼いて取り出す。

7

ねぎ油でねぎ、ニンニクみじん切りを炒め、沙茶玉ねぎ醤を加えて炒める。

8

カサゴのスープを加え、醤油、砂糖、塩で調味する。

9

焼いたカサゴを戻し、ハルサメをのせ、フタをして弱火で5分ほど煮る。

10

フタを取って、煮汁をかけながら炊く。

11

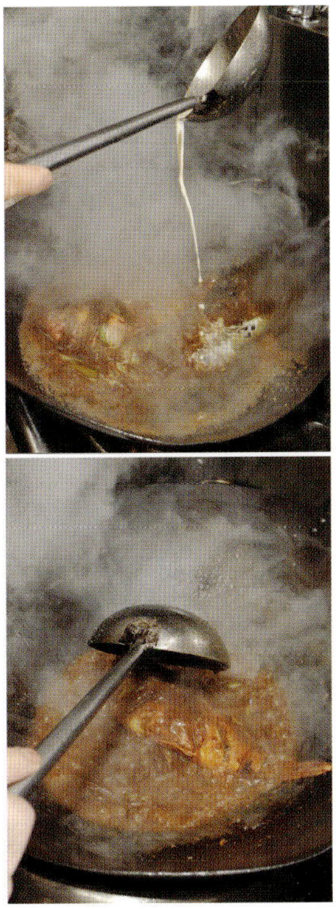

仕上げは、鍋をまわしながら豆乳を注ぎ、ねぎ油をかけてツヤを出す。

1

鴨の漬けタレの材料の水を沸かし、砂糖と塩を溶かしたらライチ紅茶の茶葉にかける。これを冷まして鴨ロースを漬ける。

スモークダック

材料

鴨ロース
鴨の漬けダレ*1
万頭
クミン塩
甜麺醤
ねぎ
人参
香菜

*1
鴨の漬けダレ
水…1ℓ
砂糖…5g
塩…50g
ライチ紅茶の茶葉…20g

燻製用の材料
生米
上白糖
ライチ紅茶の茶葉

2

漬けた鴨ロースにさっと熱湯をかけて皮を張り、燻製する。鍋にアルミホイルを敷いて上に燻製の材料をのせ、網を置いて漬けた鴨ロースを皮目を上にしてのせる。ボウルでフタをし、燻煙が漏れないように濡れタオルでボウルの縁をおおう。強火で2分燻製をかけたら、火を止めて3分置いて燻煙を落ち着かせる。

3

ラップをして蒸す。

4

皮目を上にして、高温の油をかけて皮目をパリッとさせる。3分ほど置いて肉を落ち着かせる。

5

3ミリほどの厚みに切る。

6

蒸しパン、クミン塩、甜麺醤、白髪ねぎ、人参せん切り、香菜とともに盛り付けて提供する。

雉モモ肉の芽菜醤蒸し

材料

キジのモモ肉
ねぎ（みじん切り）
ねぎ（せん切り）
青ねぎ（みじん切り）
生姜（せん切り）
芽菜醤
紹興酒
醤油
ごま油
ピーナツ油

1

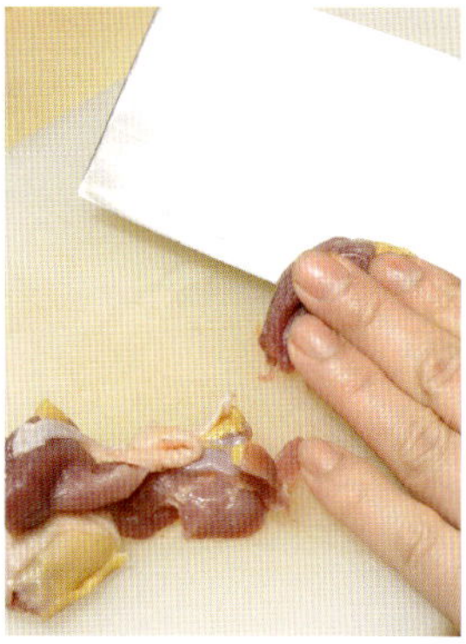

キジのモモ肉はそぎ切りにする。

2

せん切りのねぎと生姜、芽菜醤、紹興酒、醤油、ごま油とキジ肉を合わせてよくもんで合わせる。

3

ラップをして15分ほど蒸す。

4

ねぎのみじん切りをのせて、熱したピーナツ油をかけ。青ねぎをのせて提供する。

川菜和酒

虞妃 Yui Fei ユイフェイ

上海料理店、四川料理店での勤務、四川省への留学を経て、「虞妃」のオープンと同時に料理長に就任。

店主・料理長

佐藤 剛

「お酒に合う中国料理」をコンセプトに

上海料理店などに勤めたのち、成都に留学して料理を学んだ経験がある佐藤 剛シェフ。提供する料理のベースは四川料理だが、枠にはとらわれないアレンジにも積極的に挑戦。店名に表記している「川菜和酒」が示すように、「お酒に合う中国料理」をテーマに、おつまみメニューも充実させている。

客席はカウンター席が中心なので、1人で来店してお酒と料理を楽しむお客もいる。オープンキッチンで調理する様子が客席にダイレクトに伝わるライブ感も店の魅力の一つになっている。

お酒と料理を楽しめるよう、本場四川のどっしりした辛さと味というより、すっきりした後味のものを多くしているのも特徴。

「骨付き豚すね肉の酸湯仕立て」（p.131）も脂の多い豚肉の部位をスープ仕立てで食べやすくした。「スッポンのエンペラ煮込みスープ仕立て」（p.130）も、本来は煮込んで作るが、エンペラは蒸し、上からソースをかけるスタイルにして後味のいい味わいに。また、麻婆豆腐でも、牛肉を使うものとラム肉を使うものを出して、それぞれ合わせる豆板醤やブレンドを変えて調理して、後味のいい仕上がりにする。

アルコールメニューは、ワインやカクテルもそろえ、アルコールメニュー内容も季節で変えて出す。

お酒との相性の点では、季節の食材を使った料理は大事にする。毎月16品の季節メニューを出し、専用のメニュー表を用意している。毎月の16品は、8品はおつまみメニュー、8品は季節の食材を使った料理に。たとえば、1月なら、おつまみメニューとして、牛ハチノスの麻婆ソースがけ、マナガツオのフリッター、冬たけのこの青海苔炒め。1月の料理として、ジロール茸とズワイ蟹のフカヒレスープ、なまこと干し鮑の濃厚白湯煮込み、ター菜のさっぱり塩漬け卵あんかけ。毎月変える肉料理、魚料理、野菜料理は、季節感があるほか、ご馳走感が伝わる内容にして提供する。

静かな住宅地を控えた立地で、近隣には有名レストランも多い中、月替わりのおつまみと料理を目当てに来るグルメなお客を増やしている。

静かな住宅地を控えた立地に2014年10月オープン。オープンキッチンで、お酒と料理を楽しむグルメの客層からの評判が高い。

住所／東京都渋谷区上原1-17-14 LAビル1階
電話／03-6407-0217
営業時間／平日18:00~23:00(L.O.22:00)、土曜日・日曜日12:00~14:30分(L.O.14:00)、18:00~22:00(L.O.)
定休日／不定休
規模／18坪・18席
客単価／昼1400円 夜6000円

ハイスンと豚肉のスープ
海笋酥肉湯

年中提供をするスペシャリテの一つ。二枚貝の水管の乾物(ハイスン)と豚バラ肉を具にしたスープ。ハイスンは戻したら、大きく切って具としての存在感を高めた。豚バラ肉は、片栗粉に小麦粉も混ぜた衣を付けて揚げてスープと合わせ、食感に特徴を出した。小麦粉を加えたのは、衣を少し重厚にし、スープと合わさって衣の食感に特徴が出るように。豚バラ肉に衣を付けたので、煮崩れないよう、蒸して仕上げる。蒸す工程でハイスンと昆布からだしがでるので、薄めに調理して仕上げるのがポイント。豆板醤を添えて好みで加えてもらう。（作り方p.132）

スッポンのエンペラ　煮込みソース仕立て
大蒜焼裙边

スッポンのエンペラは５日かけて戻す。本来は煮込み料理だが、肉厚のエンペラの形をきれいに残したいので蒸して調理し、揚げニンニク、焼きねぎと毛湯や醤油、キャラメルなどで別に調理したソースをかけるスタイルにした。ソースは２度漉してなめらかな舌触りにする。ソースづくりに合わせた揚げニンニク、焼きねぎは一緒に盛り付けて香ばしさでエンペラの味わいを引き立てる。茹でた青梗菜は彩りを良くするとともに、毛湯やねぎ油のとろみをからめて、箸休めになる味付けにして盛り付けた。（作り方p.134）

骨付き豚すね肉の酸湯仕立て
酸湯肘子

中国・四川で人気の骨付きの皮付き豚すね肉を使った料理。豚すね肉を1本盛り付けた豪快な仕上がりで、客席が盛り上がる一品。豚すね肉はスープと合わせて炊いたのち、蒸してから醤油や黒酢、胡椒などを合わせたスープで味を付ける。黒酢は甘みを抑えた老陳酢を合わせた。脂の多い部位だが、スープ仕立てで、スープが酢っぱ辛い味付けなので食べやすい。茹でた野菜を添えて、このスープに浸しながら食べてもらうこともできる。また、スープはスパイシーにしたり、濃厚にしたりアレンジはいろいろできる。（作り方p.136）

ハイスンと豚肉のスープ

材料（4 ～ 5人前）

豚バラ肉…200g
ハイスン…30~35本
毛湯
刻み昆布
紹興酒
塩
胡椒
ねぎ油
ごま油
万能ねぎ

豚肉の下味
塩
胡椒
紹興酒
醤油

豚肉の衣
溶き卵
小麦粉
片栗粉

1

ハイスンはひと晩水に浸ける。翌日、熱湯に移して1時間置く。

2

ハイスンを湯から取り出して切る。スープの具として存在感を出したいので大きめにカットする。

3

豚バラ肉は1㎝角に切る。

4

豚肉に下味を付ける。材料を合わせてよく5分ほどもむ。

5

下味を付けた豚肉に溶き卵を合わせて、しっかりもむ。

6

片栗粉と小麦粉を合わせた(2対1)ものを加えて、しっかりもむ。白絞油でカリッと揚げる。

7

鍋に毛湯を沸かして、揚げた豚肉とハイスン、刻み昆布を加える。毛湯は、豚挽き肉と鶏挽き肉とモミジを炊いたスープ。野菜の香りが付くので野菜は加えないで作った毛湯を使用。

8

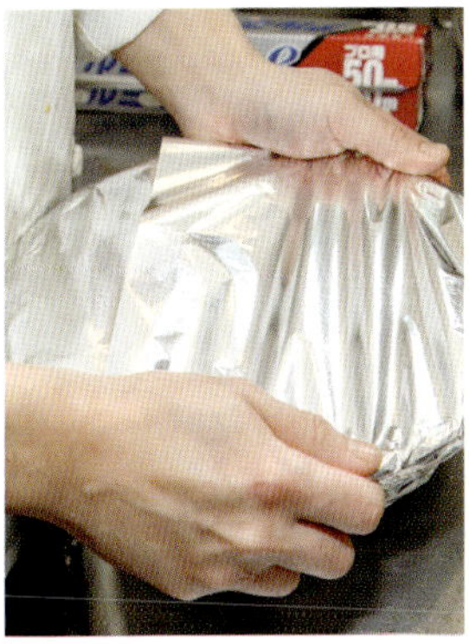

紹興酒、塩、胡椒、ねぎ油で味付けし、ボウルに移してホイルで蓋をして40分ほど蒸す。

9

味を確かめ、塩、胡椒で味を調える。豚肉を崩さないように盛り付ける。

10

仕上げにごま油をたらし、みじん切りの万能ねぎを散らす。

スッポンのエンペラ
煮込みソース仕立て

材料

スッポンのエンペラ(乾物)
毛湯
塩
胡椒
紹興酒
青梗菜

エンペラの下味
塩
紹興酒
胡椒

ソース
上白糖
糖色
ニンニク(粒)
ねぎ
ねぎ油
おろしニンニク
豆板醤
郫県豆板醤
毛湯
紹興酒
醤油
胡椒

青梗菜の味付け
毛湯
ねぎ油
塩
紹興酒
水溶き片栗粉

1

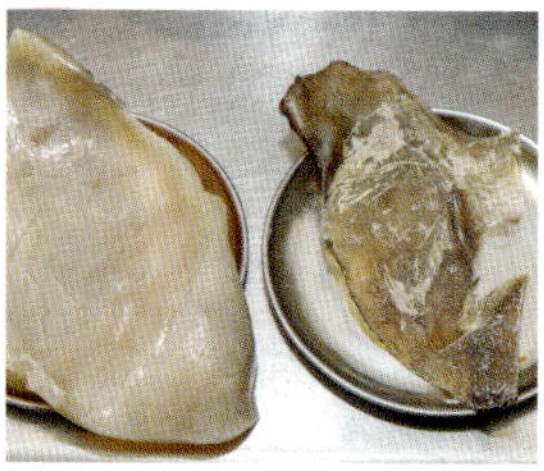

エンペラは、ひと晩水に浸ける。翌日、水から弱火にかけ、沸く直前で火を止め、アルミホイルをかぶせて置く。湯の温度が下がったら、また、弱火にかけ、沸く直前に火を止めてアルミホイルをかぶせて置く。この、「火にかけて冷ます」を1日2回やり、5日続けて戻す。(写真右は乾物のエンペラ、左は戻したエンペラ)

2

戻したエンペラは、そぎ切りして大きさを揃える。

3

そぎ切りしたエンペラに熱い毛湯を合わせ、塩、胡椒、紹興酒で下味を付け、アルミホイルでおおって20分蒸す。

4

上白糖を熱してキャラメル状にし、糖色(茶色)を加えて水を加えて色止めする。少しだけ沸かして味を落ち着かせる。

3

ニンニクは、粒のまま、低温の油からゆっくり温度を上げてキツネ色になるまで揚げる。

6

ねぎ油を鍋で熱して、ぶつ切りにしたねぎを色付くくらい焼く。色付き過ぎると苦味が出るので、その手前まで焼いて取り出す。

7

ねぎを焼いた鍋で、残った油でおろしニンニクと豆板醤を炒める。豆板醤は一般的な豆板醤と郫県豆板醤をブレンドしたもの。油が分離するようになるまで炒める。

8

毛湯を7に加え、焼いたねぎ、揚げたニンニクを加え、4と紹興酒、醤油、胡椒を加えて10分ほど煮詰める。煮詰まり過ぎないよう、途中で毛湯を足す。

9

煮詰めたら2度漉して、ソースにする。

10

青梗菜は塩茹でして氷水にはなす。ねぎ油と毛湯、塩、紹興酒、ゆるめの水溶き片栗粉と合わせ、とろみをからませる。

11

漉したニクニク、焼きねぎ、10の青梗菜を器に盛り付け、蒸したエンペラをのせ、熱した9のソースをかける。

骨付き豚すね肉の酸湯仕立て

材料

骨付きの皮付き豚すね肉…1本
スープ
おろしニンニク
生姜（みじん切り）
豆板醤
醤油
紹興酒
白酢
老陳酢
胡椒
ラー油
粗挽き唐辛子
たまり醤油
ねぎ（みじん切り）
炒りごま
香菜

1

骨付き豚すね肉はスープで3時間下茹でしたのち、ラップに包んで30分蒸す。

2

鍋に白絞油を熱し、おろしニンニクと生姜みじん切りを炒める。ニンニクと生姜は同割。豆板醤を加えて、しっかり炒める。

3

豚すね肉を茹でたスープを加え、醤油、紹興酒、老陳酢、白酢で調味する。老陳酢は甘さを抑えた酢。

4

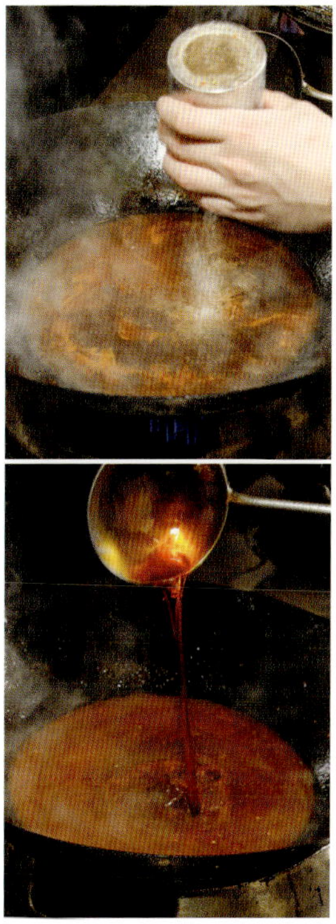

胡椒は多め。酢っぱ辛いスープの辛さのポイントは、胡椒。続いて、ラー油と粗挽き唐辛子を加える。

5

蒸した骨付き豚すね肉を加えて、スープをかけながら10分ほど炊く。途中で、たまり醤油を加える。

6

器に骨付き豚すね肉、炊いたスープを盛り付け、ねぎみじん切り、炒りごま、香菜を散らす。

Chinese Dining

方哉《マサヤ》

横浜『生香園』で10年、外食企業で10年勤務。外食企業のときは、料理長兼店長も務め、そののち独立した。

オーナーシェフ
佐藤方哉

使い勝手がよくて、身体にやさしい中国料理店

店主の佐藤方哉シェフが目指すのは、普段使いできる中国料理店。ベースは広東料理だが、オーソドックスな広東料理より、少しひねった中国料理にしたり、器や盛り付けも独特にしたりする。中国料理店には珍しく食器には和食器を多く使用している。「焼きラム餃子」（p.１４０）のように、定番人気の餃子をラム肉で作り、和食器に盛り付けて出すのは好例だ。焼きラム餃子は、レモン汁と黒胡椒で食べてもらう。

「鮭とイクラの炒飯」（p.１４１）のほか、エビ青菜炒飯、チャーシュー青菜炒飯、エビとじゃこの青菜炒飯など、他店にない炒飯を出してきた。ランチで出す回鍋肉、レバニラ炒めの定食では、熱した鉄鍋に盛って提供する。

お酒も紹興酒とビールだけでなく手頃なワインや日本酒も用意する。「普段使い」を意識して、アワビ、フカヒレはレギュラーメニューにはのせていない。

また、普段からヘルシーな食事に関心が高い現代のお客のことを考え、油控えめで、うま味調味料は使わないで調理することもコンセプトにしている。焼ラム餃子に添えるレモンは、広島の瀬戸田の無農薬・ノーワックスのものを選んだ。

これらは、修業時代に学んだことが礎になっているという。横浜で修業した店は中華街とは離れた場所にあり、「お客をここまで呼ぶには、中華街の中の店でやっていない料理をどんどん出さないといけない」ということを学んだ。

外食企業時代は、「料理に付加価値（インパクト）を生み出せ」ということを社長から叩き込まれた。料理長兼店長の時代に、メニューを変えたり店頭を変えて不振店を回復させたことがある経験は、今も大切にしているという。店で作っている天然調味料も、修業時代に教わったものがベースになっている。

佐藤シェフは、「味で勝負したかった」ので、何も宣伝もせず、まわりに飲食店が少ない立地にオープンしたという。開店当初は苦戦したというが、ｗｅｂで紹介されたことがきっかけになり、今は予約して遠方から来るお客も多い。３５００円と５０００円のコースを用意しているが、アラカルトでの注文をするお客が多い。

東京・恵比寿駅から徒歩5分ほどの恵比寿ガーデンプレイスにほど近い立地に2016年オープン。昼は近隣のサラリーマン、夜は評判を聞いて遠方から訪れる人も増えている。

住所／東京都渋谷区恵比寿4-23-14　asビル2階
電話／03-5793-1570
営業時間／月曜日~金曜日11:30分~15:00、18:00~23:30(L.O.23:00)、土曜日18:00~23:30分(L.O.23:00)
定休日／日曜日
http://ebisu-masaya.com
規模／18坪・23席
客単価／昼1000円　夜5000円

クラゲの頭の酢漬け

パキスタンヘッドと呼ばれるクラゲの頭は、一般的なクラゲとは違った歯触りの強さが特徴。初めて食べる人から、「これ、カズノコですか?」と言われたこともある、コリッ、コリッとした歯触がする。塩漬けのパキスタンヘッドは1週間かけて水で戻してから、塩や砂糖や米酢などで作るタレに1週間漬けて味付けする。この食感を楽しむ一品なので、クラゲの頭と和えるキュウリ、山芋も食感のいい切り方をして合わせる。また、後味がいいよう、パキスタンヘッドを漬けるタレに使う砂糖はグラニュー糖を使って作っている。（作り方p.142）

焼きラム餃子

ラムのモモ肉のあんを噛みしめて味わえるように、ラム肉は粗挽きにミンチにし、合わせる玉ねぎ、セロリも粗くみじん切りにする。餃子では、フードプロセッサーでみじん切りにすると食感がなさすぎるので野菜は手切りしている。あんの味付けは、塩、オリーブオイルと胡椒とクミンシードと自家製の天然調味料。オリーブオイルはラム肉と相性がいいから。あんに味をしっかり入れ、酢醤油ではなくレモン汁と黒胡椒でさっぱりと食べてもらう。添えるレモンは、広島・瀬戸田の無農薬・ノーワックスのものを提供している。（作り方p.144）

鮭とイクラの炒飯

年中提供している人気メニュー。鮭は、フレークのものを使って炒めるとボソボソに仕上がるので、刺身で食べられるものをさっとボイルして使う。のせるイクラは寿司店が使う上質の醤油漬けを合わせている。この鮭とイクラの味を楽しむよう、味付けはシンプルに、岩塩、オイスターソース、胡椒、自家製の天然調味料と濃口醤油で。でき上りの色合いも考え、レタスではなくグリーンカールを選んで大きめに切って合わせ、また、白ねぎの白いところと青葉とバランスも考えて混ぜ合わせて加えている。（作り方p.146）

クラゲの頭の酢漬け

材料

クラゲの頭(塩漬け)
キュウリ
山芋
タカノツメ
香菜

タレ
米酢
塩
グラニュー糖
ニンニク(みじん切り)
ごま油
タカノツメ

1

塩漬けのクラゲの頭は、水を変えながら1週間かけて水に浸けて塩抜きする。(写真は塩抜きしたもの)

2

タレの材料を合わせる。クラゲの頭は食べやすい大きさに切り、タレに1週間浸けて、味をしみ込ませる。

3

キュウリは包丁でつぶして、太めの細切りにする。山芋は、繊維に沿って細切りにする。

4

タレの付けたクラゲの頭に、細切りのキュウリ、山芋を合わせ、香りを良くするためにごま油を少し加え、もむような感じで和える。

5

器に盛り付け、タカノツメの輪切りと香菜を飾る。

焼きラム餃子

材料

ラム肉(モモ)
玉ねぎ
セロリ
自家製天然調味料*1
塩
E.Xオリーブオイル
白胡椒
クミンシード
餃子の皮
白絞油
レモン
黒胡椒

*1
自家製天然調味料
干し貝柱、金華ハム、干し椎茸、スルメを水に浸けたのち、蒸して1日置いて漉し、みりん、塩で調味したもの。漉した貝柱などはXO醤の材料にしている。

1

ラムのモモ肉は粗めにミンチにする。

2

玉ねぎ、セロリは、粗めにみじん切りにする。フードプロセッサーでみじん切りにすると食感が出なくなるので、包丁で手切りしている。

3

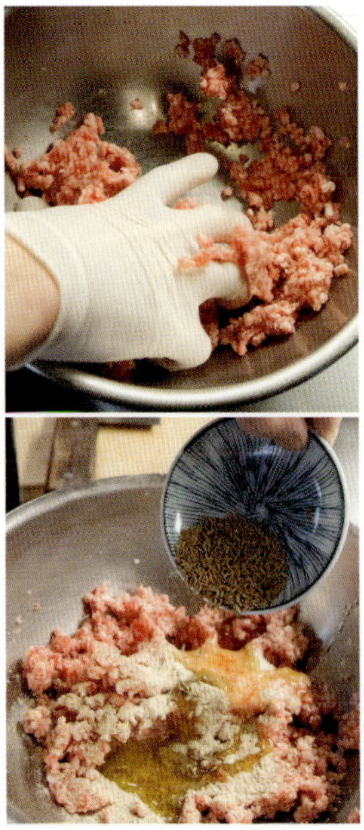

ラム挽き肉をねばりが出るまでねってから、塩、オリーブオイル、胡椒、クミンシードを合わせてよく混ぜる。ラムとの相性がいいので、油はオリーブオイルを。胡椒は多め。

4

よく混ぜて、途中で天然調味料を加えて、またよく混ぜる。

5

玉ねぎとセロリのみじん切りを合わせてよく混ぜる。

6

餃子の皮を水で濡らして、あんを1個に25g包む。まっすぐ合わせるように包んでからヒダを作る。

7

フライパンに餃子を並べ、半分くらい浸るくらい水を入れる。火にかけ沸いて5分ほどで湯を捨て、白絞油を注いで焼き目を付ける。レモンと黒胡椒を添えて提供する。

鮭とイクラの炒飯

材料

ご飯
卵
鮭
イクラ醤油漬け
白ねぎ
グリーンカール
岩塩(イタリア産)
オイスターソース
胡椒
自家製天然調味料
濃口醤油
白絞油

1

鮭は、熱湯でさっと茹でて、半生の状態で取り出す。

2

鍋を熱して油をならして、溶き卵を加え、続けてご飯を加えて鍋をあおって合わせる。

3

塩、オイスターソースを加えてあおり、ねぎを加えてあおる。

4

鍋肌に醤油、天然調味料をたらしてあおる。

5

ちぎったグリーンカール、、鮭を加えてさっとあおり、皿に盛り付ける。

6

中央にイクラの醤油漬けをのせる。

中国食酒坊

まつもと

都内の広東料理店、上海料理店に勤めたのち2007年に独立。

オーナーシェフ

松本健二

お客の要望に応える旬の魚介の料理をメインに

『まつもと』は、上海料理をベースにし、広東料理や香港料理を提供する。中でも店の料理の特徴にしているのが魚介を調理する料理。たとえば、2月のある日には、「海老と白キクラゲの柚子香る炒め」、「海老、イカ、ホタテの山うど、紅葱ソース炒め」、「三陸カキの魚香炒め」、「上海蟹味噌豆腐煮」、「駿河湾桜エビとお野菜のタンメン」など、おすすめメニューの中で魚介料理の割合はいつも多い。

また、客席には、毎日「おすすめ鮮魚」が貼り出される。

たとえば、3月のある日には、五島列島のアヤメカサゴ、ヘダイ、マダイ。秋田のメバル。豊後水道のタカノハダイ、メジナ、ブダイ。青森のクロソイ。長崎の五島列島の天然ものを中心に産直の鮮魚を仕入れている。来店客が増える週末には10種類の鮮魚を揃えることも多いという。

これらの鮮魚は、100g当たりの料金で表示しているのも特徴だ。天然ものなので、同じ魚種でも大きさが違うからだ。

また、お客からの要望を聞いて、1尾をいろいろな調理法で提供する。たとえば、半身を刺身にして、半身は蒸して調理するとか。刺身を中華カルパッチョ風にしたりするほか、蒸す、揚げる、スープなどのいろいろな調理法の要望を受ける。

お客の人数と、魚の種類とサイズを考えて、調理法を松本シェフから提案することもある。

魚介はハシリのものも旬のものも使い、今回紹介する料理のように、同じく旬の野菜を合わせて調理することも多い。

魚一尾で仕入れるからこそ作れる、魚を丸ごと蒸して熱した油をジュっとかける香港広東料理は、おすすめしているし、人気も高い。

調理法としては、生のニンニクは使わないで調理するのと、使う油は少な目に心掛けている。強い香辛料も控える。もたれない料理にするためと、メインの天然物の鮮魚の風味を大事にするためでもある。鮮魚の下味も控えめにする。

「中国食酒坊」をうたっているので、お酒も充実させている。最近では、奥さんがソムリエの資格を取得し、店の料理に合うワインにも力を入れ、ワインと季節の魚介料理を楽しむ人で連日にぎわっている。

東京・西荻窪駅から徒歩5分ほどの立地。2人掛け席が2卓と4人掛け席が2卓のこじんまりしたお店で、遠方から来るお客も多い。

住所／東京都杉並区西荻北3-22-22
電話／03-3397-0539
営業時間／11:30~15:00　17:00~22:30(L.O.)
定休日／火曜日
規模／8坪・14席
客単価／昼1000円　夜7000円

モウカザメの心臓の刺身

モウカザメの心臓(もうかの星)は、揚げても炒めても生でもいい、高級珍味。大きいものは400gもある。生だとレバ刺しのような食感と味わいだ。今回は240gほどのものをそぎ切りにして生で前菜に。血管を除いて流水で洗うが、洗い過ぎると白っぽくなり味わいも落ちてしまうので、洗う加減がポイントになる。レバ刺しのような味わいの特徴を引き立てる、ねぎと沙姜粉とレモン汁とピーナッツ油を合わせた中華風ソースと味わう刺身仕立てに。ピーナツ油は熱して仕上げにかけ、ねぎと生姜の香り立つ状態で提供する。（作り方p.152）

蕗のとう、富山の白エビとホタルイカの揚げ物

鮮度のいい魚介の料理を日替わりで提供する店らしく、蕗のとうが出始める3月初旬に、ハシリのホタルイカと白エビを合わせて揚げ物にした。ホタルイカと白エビはともに特産として有名な富山湾産のものを仕入れた。衣は薄力粉とコーンスターチとベーキングパウダーを冷水で合わせ、サラダ油を混ぜてサックリとした食感にする。カイエンペッパー、揚げニンニク、漢源山椒を合わせた椒塩を添えて、揚げたての初春の風味を味わってもらう。(作り方p.154)

そら豆とホタテの蝦醤炒め

そら豆とホタテ貝柱を炒め合わせる、春の味覚を味わう一品。味付けは、塩ダレと蝦醤で。ホタテ貝柱には下味を付けないで、蝦醤と塩ダレでホタテの甘みを引き立てる。そら豆の緑、蝦醤の赤で彩りも華やかだ。蝦醤は、サクラエビをサラダ油を足しながら炊いて水分を飛ばして作る。サクラエビの塩気を生かし、塩は加えないで仕上げるのがポイント。蝦醤は炒飯や焼きそばにも活用している。塩ダレは、五島列島の塩とナンプラー、チキンコンソメ、胡椒などで作る。（作り方p.156）

1

沙姜ソースを作る。ねぎをみじん切りにして沙姜粉を混ぜる。

2

ピーナツ油を熱して、1にかける。混ぜて、塩と砂糖を加える。レモン汁を加えて混ぜる。

モウカザメの心臓の刺身

材料

モウカザメの心臓
沙姜ソース*1
白絞油
白ごま
香菜

***1**
沙姜ソース
■材料
白ねぎ…1本
沙姜粉…大さじ1
ピーナツ油…100mℓ
塩…適量
砂糖…少々
レモン汁…半個分

3

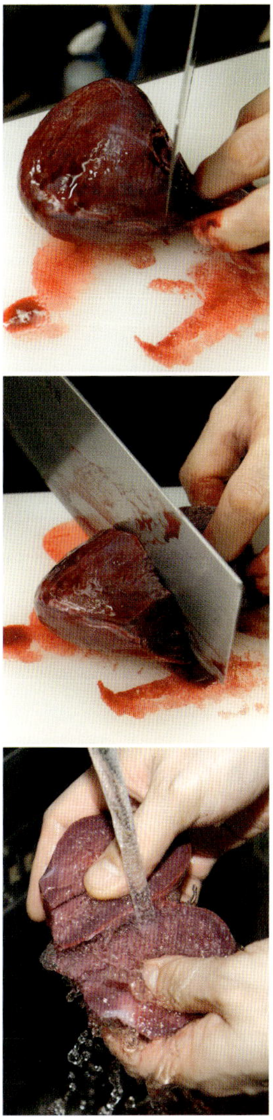

モウカザメの心臓は、血管を除き、半分に切って水で洗う。洗い過ぎると白っぽくなるので注意。

4

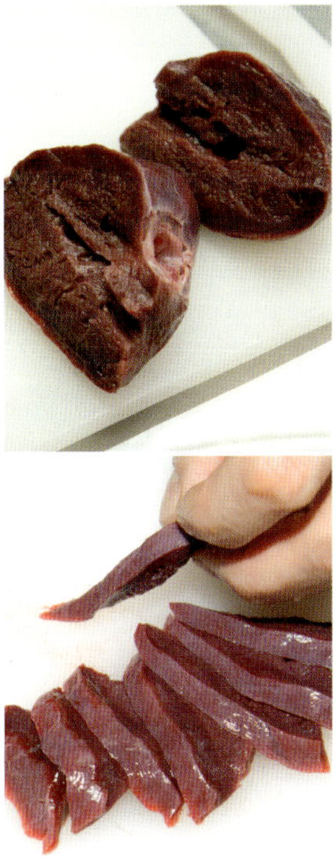

水気を拭き、半分に切ってから、薄くそぎ切りにする。

5

皿に沙姜ソースを敷いて、上に切ったモウカザメの心臓を並べる。上から熱めに熱したピーナツ油をかけ、白ごまを振り、香菜を飾る。

蕗のとう、富山の白エビとホタルイカの揚げ物

材料

蕗のとう
ホタルイカ(茹でたもの)
白エビ
椒塩
香菜

衣
薄力粉
コーンスターチ
ベーキングパウダー
サラダ油
水

1

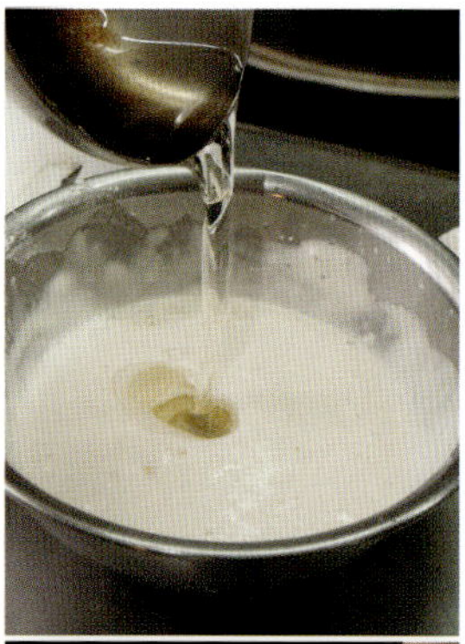

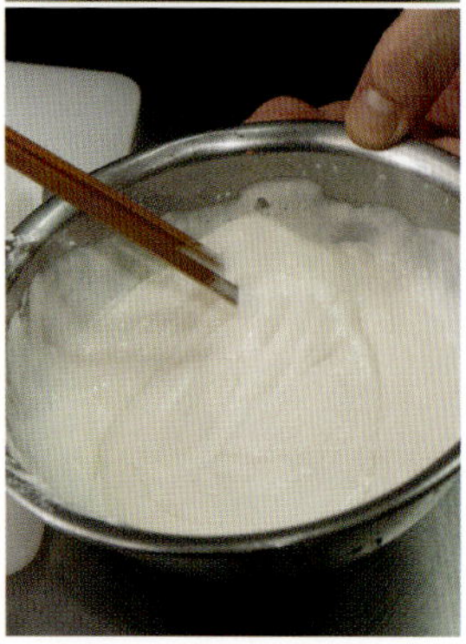

衣を作る。薄力粉、コーンスターチ、ベーキングパウダーを合わせて水を加え、サラダ油を加えて混ぜる。

2

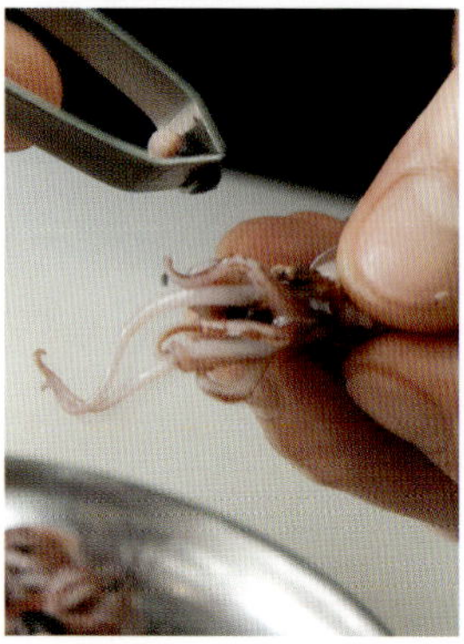

ホタルイカの目を取る。

3

ホタルイカ、白エビにハケで薄力粉を薄く付ける。

4

蕗のとうは、外の葉を広げ、ハケで外葉のところに薄く薄力粉を付ける。

4

衣を付けて、ホタルイカと蕗のとうを揚げる。白エビは2本ずつ揚げる。香菜を飾り、椒塩を添えて提供する。

そら豆とホタテの蝦醤炒め

材料

ホタテ貝柱
蝦醤*1
そら豆
薄力粉
ねぎ(みじん切り)
スープ
塩ダレ*2
水溶き片栗粉
ねぎ油
紹興酒

*1
蝦醤
■**材料**
サクラエビ
サラダ油

*2
塩ダレ
■**材料**
塩(五島列島)
ナンプラー
チキンコンソメ
胡椒
水

1

蝦醤を作る。サラダ油でサクラエビを炒める。油を足しながらサクラエビから出てくる水分を鍋肌にかけて飛ばしていく。

2

油が透明になるまで炒める。置いて冷ますと色が濃くなる。

3

ホタテ貝柱は掃除をして、横に半分に切り、ハケで薄く薄力粉をつける。

4

鍋でそら豆と多めの油を合わせて熱し、香りが出たら取り出す。

5

粉をつけたホタテ貝柱を炒める。鍋をまわして両面を焼く感じで炒めて取り出す。

6

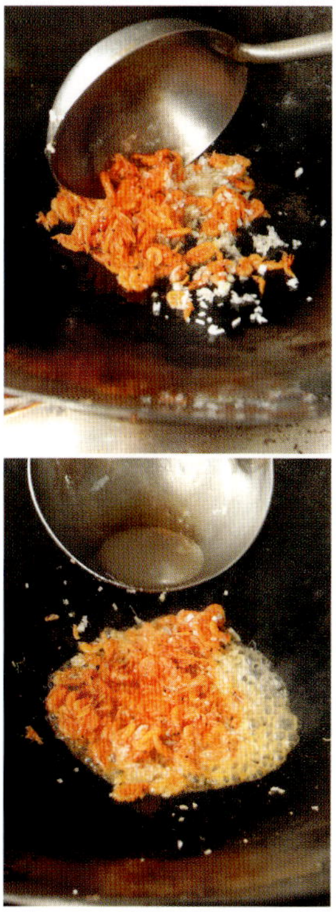

鍋にスープを入れ、蝦醤とねぎのみじん切りを加える。

7

塩ダレを加え、水溶き片栗粉を加える。

8

そら豆、ホタテ貝柱を戻し、さっと合わせ、ねぎ油と紹興酒を振って仕上げる。

高井戸麻婆テーブル

横浜『重慶飯店』、大阪『御馥』、東京『御田町 桃ノ木』、
東京『cinnabar』を経て、2017年に独立。

オーナーシェフ
根岸正泰

女性が１人でも入りやすい、街の食堂を目指す

店主の根岸正泰シェフが目指すのは、「街の食堂」。そこに中国料理のエッセンスを加えて特徴を出したのが「高井戸麻婆テーブル」だという。「街の食堂」とは、普段づかいできる店であり、若い人から年配のお客に親しまれる店であり、家族連れでも一人でも利用できる店であり、近隣の人が待ち合わせに利用したりもする店であると根岸シェフはイメージしている。

気軽な店をアピールするために、夜のメニューは単品メニューもあるが「本日のお任せ」(１０８０円)をメインにした。「本日のお任せ」は1人に2品のおまかせ料理出すもの。２人で来店したら、おまかせの料理を４皿分(２～４品)出す。３人で来店したら6皿分(2～6品)の料理が楽しめるというもの。「本日のお任せ」は1品追加することもできる(１皿５８０円)。この「本日のお任せ」を注文し、単品でご飯料理、麺料理を追加で注文する人もいる。ご飯料理・麺料理は、麻婆豆腐、麻婆麺、酸辣麺、和えそば、ラーメン。あと少し食べたいというお客向けに「素ラーメン」を用意し、さらにそのハーフサイズも用意。サイフの中を気にせずに日常的に通える食堂を目指している。

「本日のお任せ」をコース仕立てにした「お任せフルコース」もあり、２８００円(２名より)からの手頃な価格から受けている。

お客は、おいしいものを食べたくて来店するのは当然として、プラスαとして楽しんでもらったり面白がってもらえるようなメニューを「本日のお任せ」で提供するようにしている。今回紹介した料理のように、蒸し鶏、キャベツ、春菊、ピータンといった誰もが食べたことがある食材を使いながら、味付け、食感で個性を出して楽しんでもらう。

ソムリエの資格を持つスタッフが選んだ、気軽に飲めるワインも数多くそろえ、ほかに、日本酒も焼酎もそろえている。スプマンテもグラスで８１０円で提供する。「普段行く店でスパークリングワインを気軽にグラスで注文できたらうれしい」だろうと、お客の気持ちに寄り添って考えた売り方だ。実際、近隣の人が家族で来店したり、一人で来る女性客もいて、幅広い客層を集めている。

東京・高井戸駅から徒歩10分ほどの立地。カウンター席8席に、4人掛けテーブル席が4卓。1人で来店する女性もいて、幅広い客層を集めている。

住所／東京都杉並区宮前1-20-32　宮前一丁目ビル1階
電話／03-6454-2204
インスタグラム／@mabotable
営業時間／月曜日～木曜日11:30～14:30、17:30～22:30
金曜日・土曜日は11:30～14:30、17:30～26:00(L.O.25:30)
定休日／日曜日
規模／20坪・27席
客単価／昼1000円　夜3000円

素揚げした蒸し鶏とキノコ、クレソンと板春雨のマスタード和え

蒸し鶏を作ったときの、提供しにくい手羽元と手羽先の部位を上手に活用して魅力料理にした一品。蒸し鶏の手羽元と手羽先から骨を外して揚げる。蒸し鶏は火が通っているので、表面だけ香ばしく揚げるのがポイント。その揚げたての鶏肉と揚げたマイタケと、クレソンと板春雨をマスタードソースで和える。揚げたて鶏肉を和えてすぐに提供し、鶏肉の温かいところと板春雨の冷たいところの味わいの変化も楽しんでもらう。（作り方p.162）

春キャベツと餅の甘酢唐辛子炒め

春キャベツを面白い味わいに仕上げることを狙った料理。大きくちぎったキャベツは、油をかけながら、ざっくりとムラに焼いていく。味付けは、砂糖と酢と醤油の同割のタレ。粒山椒、タカノツメ、ニンニクをゆっくり炒めて香りを出したらタレを加えて沸かし、焼いたキャベツとトックを合わせて混ぜる。ざつくり焼いた春キャベツの、火が入ってやわらかいところ、焦げたところ、少し生っぽいところの焼きムラを口の中で感じてもらいながら、もっちりしたトックを一緒に味わってもらう。（作り方p.164）

春菊と皮蛋の白和え

ぶつ切りにした春菊のほか、薄切りにしたリンゴ、ガリ、クルミを合わせて様々な食感を楽しませる白和えにした。豆腐は水切りをし、それを手でちぎって断面をザラザラにしたものを手でつぶしす。豆腐はざっくりとつぶして、つぶれているところと形が残っているところが混ざるようにして豆腐の舌ざわりのいろいろな違いを味わいの特徴として残すようにした。味付けは、甜醤油と自家製ラー油を合わせて作る紅油で。皮蛋は、卵黄部分がとろりとしたものがこの料理には合うので、台湾産を選んだ。（作り方p.166）

素揚げした蒸し鶏とキノコ、クレソンと板春雨のマスタード和え

材料

手羽先（蒸し鶏）…2本
手羽元（蒸し鶏）…2本
クレソン…適量
板春雨…1枚
マイタケ…適量
醤油…適量
マスタードソース…適量*1
炒りごま…適量

*1
マスタードソース
■材料
米酢…大さじ2
ハチミツ…大さじ2
醤油…大さじ1
マスタード…大さじ2
ごま油…大さじ1
■作り方
1 材料を合わせてしっかり混ぜ合わせる。

1

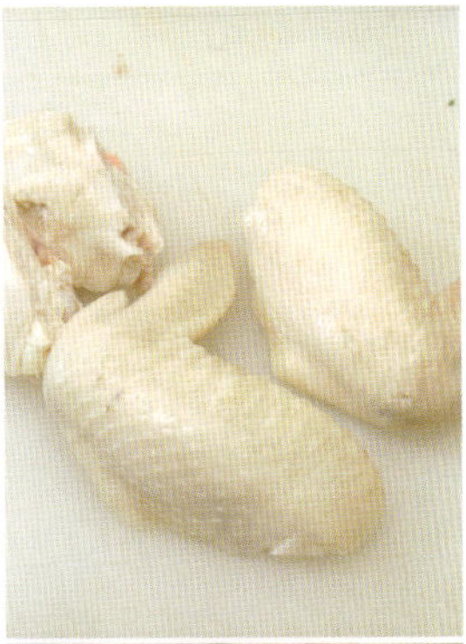

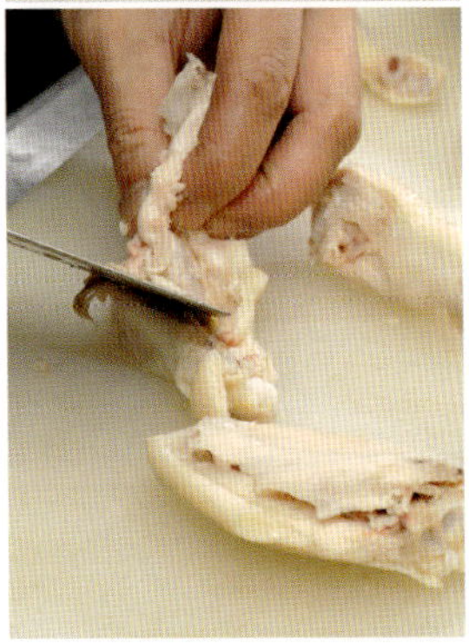

蒸し鶏の手羽先と手羽元から、骨を外す。

2

骨を抜いた手羽先と手羽元に薄く醤油をまぶす。

3

手羽先と手羽元を170℃の油で揚げる。火は通っているので、表面を香ばしく揚げる。揚げたら、ひと口サイズに切る。

4

マイタケは茶色く色づくまで揚げる。

5

戻した板春雨、食べやすい大きさに切ったクレソンと、揚げた手羽先と手羽元とマイタケをマスタードソースで和えて盛り付ける。炒りごまをふる。

春キャベツと餅の甘酢唐辛子炒め

材料

キャベツ
ニンニク…3片
タカノツメ…10本
粒山椒…大さじ1
タレ…適量*1
トック…適量
白絞油…適量
ピーナツ油…少々

*1
タレ（割合）
醤油…1
酢…1
砂糖…1

1

キャベツは、大きめに手でちぎって鍋に入れ、油をかけてざっくり焼くように炒める。

2

鍋に少しのピーナツ油を熱し、つぶしたニンニク、タカノツメ、粒山椒を炒めて香りを立たせる。

3

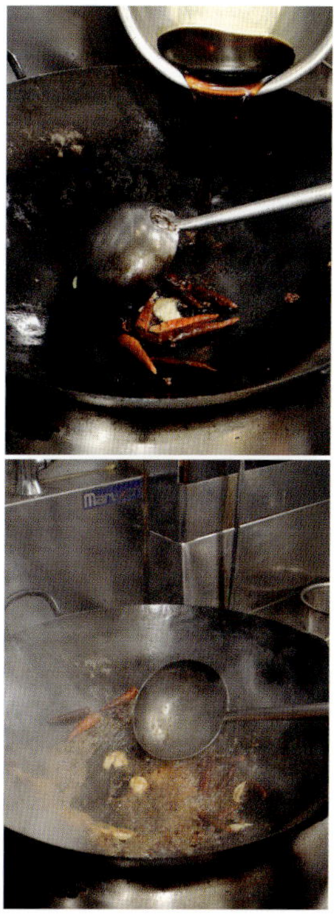

タカノツメの色が変わったら、タレを加える。焦がさないようにかき混ぜながる。

4

砂糖が焦げてきて、泡が小さくなったら、茹でたトック、炒めたキャベツを戻して、さっと混ぜ合わせて皿に盛り付ける。

春菊と皮蛋の白和え

材料

皮蛋…1個
豆腐（水切りする）…半丁
リンゴ（紅玉）…⅛個
春菊…⅓束
ガリ…大さじ2
クルミ…大さじ3
紅油…適量*1

*1
紅油
■材料
甜醤油…大さじ1*2
醤油…大さじ1
米酢…小さじ1/2
おろしニンニク…小さじ2～3
自家製ラー油…適量

*2
甜醤油（仕込み量）
■材料
砂糖…350g
日本酒…100g
醤油…500g
粉山椒…5g
ねぎ（みじん切り）…½本
生姜…10g
肉桂…10g
陳皮…5g

2

豆腐は重しをして水切りしてちぎる。春菊は葉の部分だけちぎる。皮蛋は乱切にする。リンゴはいちょう切りに。

2

材料をボウルで合わせ、紅油をかけて、手でざっくり混ぜ合わせる。

Cantonese Cuisine
Perfect Roasted Meats
広東料理
焼物の真髄
～名職人の"焼味"の技とおいしさの解明～
旭屋出版

中華銘菜

圳陽《センヨウ》

都内のホテルのほか、広東料理の名店『福臨門酒家』で修業。
広東省深圳でも修業をしたのち、独立開業。

オーナーシェフ

山田昌夫

手間をかけた料理を、様々なな中国酒と気軽に

香港料理、広東料理をベースに本格中国料理を提供する『圳陽』。気軽に様々な料理を味わってもらえるように、コースも用意しているが、手頃な価格のアラカルトで提供する料理も充実させている。

野菜を炒めるだけでなく、湯葉巻きにして揚げたり、豚バラ肉を中国オリーブや夏草花という珍しい食材と合わせたり、アラカルトでは中国料理をよく知っている人が好奇心を示すような多彩な料理を提供している。

紹興酒もいろいろ揃え、中国料理に合うワインも揃えた。中国茶も中国各地のを随時提供。「今月は福建省のお茶フェア」などとうたってアピールしている。

ランチでは親しみのある麻婆豆腐、担々麺、炒飯で構成をしながら、手作りの水餃子、小籠包、焼売、春巻き、マンゴースープ、杏仁豆腐をサイドメニューとして出し、注文の仕方でいろいろな楽しみ方ができて連続して通っても飽きさせない。最寄りの駅からは離れた立地ながら、週末のランチには遠方からのお客も増えて行列ができるほど人気を呼んでいる。

名物の「丸鶏のパリパリ揚げ（脆皮鶏）」は、鶏の内側に特製塩を塗り込んだのち乾燥させ、焼いたもの。3日前からの予約で提供する。人気の叉焼は焼き立てを提供する。また、その叉焼を使った叉焼包は、天然酵母で作った生地で包んで生地の食感にも特徴を出した。

腸詰、干し肉も手作りしている。山田シェフは仕込みに手間と時間をかけて、他の店との味の違いを追究している。

「鮑煮込み炒飯」（p.169）も、手頃な価格で出せるサイズの干しアワビを香港で仕入れ、その干しアワビを戻して下味を付けるのに手間をかける。高級な料理、一流の味をカジュアルな雰囲気の中で堪能できることを目指すのが『圳陽』のコンセプトだ。

山田シェフは、YouTubeで「プロが教える中華料理 麻婆豆腐」もアップしている。2019年5月中旬で視聴回数は171万1千を超えている。動画という現代的なツールも活用しつつ、肩ひじはらない本格中国料理であることを上手にアピールして、人気を高めてきている。

2011年11月オープン。最寄りの地下鉄東高円寺駅から離れた立地ながら、ランチでは行列ができることも。

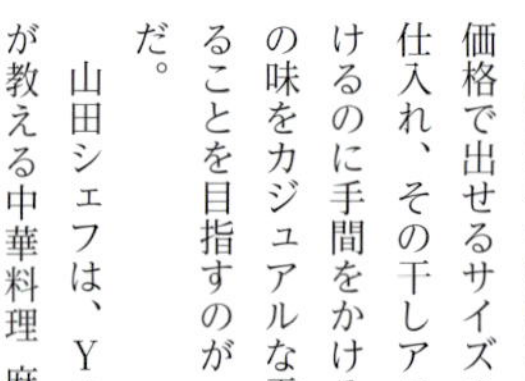

住所／東京都杉並区和田3-18-9　パークヒルズ東高円寺1階
電話／03-6382-5320
営業時間／11:30~14:00（金曜日はランチ休み）、18時~20:45（22:00閉店）
土曜日・日曜日・祝日は11:30~14:00、17:30~20:45（22:00閉店）
定休日／火曜日と水曜日（不定休あり）
http://www.chinese-senyou.jp
規模／15坪・20席
客単価／昼1400円　夜5000円

鮑煮込み炒飯

鮑汁章魚鶏拉炒飯

干しアワビ、干しタコ、干し貝柱ほか、鶏肉、椎茸、チャーシュー、タケノコなど、贅沢な具材を使用。手頃な価格で提供できるよう、アワビは小さいのを香港で仕入れる。戻したアワビは、鶏ガラのスープで2～3日炊いて、その煮汁とともに使う。薫り高いジャスミンライスで作り、噛みしめるごとにジャスミンライスの香味とともに、みじん切りにして合わせるアワビ、干しダコ、椎茸、チャーシュー、タケノコなどの具材の味わいが口の中に広がる。アワビを炊いた煮汁をたっぷり合わせて炊き、旨味の濃い、汁気が多い味わいに。（作り方p.172）

五目野菜の湯葉巻き

香煎罗素鵝

季節の野菜とキノコだけを湯葉で巻いて作る前菜。上海料理ではあるが広東料理風に仕上げた。外はカリッとし、中はしっとりとした味わいが特徴。「素鵝」とは、ガチョウの肉を食べているような味がする意味で、精進料理。炒めた黄キクラゲ、春タケノコ、人参、干し椎茸などを湯葉で巻いて干し椎茸の戻し汁や醤油などで炊いて味を含ませる。これを冷ましてから揚げて、レタス、玉ねぎなどの生野菜とともに盛り付ける。揚げるとき、強火でまわりがカリッとなるようにし、よく油を切って盛り付けるのが、おいしさのポイント。（作り方p.174）

豚バラ肉とタロ芋、中国オリーブ蒸し

欖角蒸五花肉

広東料理でよく使う中国産乾燥オリーブの香りと塩気を生かした一品。彩りと食感と香りのアクセントで夏草花も合わせた。夏草花は、天然の冬虫夏草の、その虫の持つ栄養分と同じ成分を含ませた培養基で人工栽培したキノコ。食感と香りに特徴がある健康食材だ。これは炒め物ではなく蒸し料理にすることで、さっぱりと食べられ、夏花草と中国オリーブの立ち昇る香りを楽しめる仕上がりに。香りと塩気が特徴の中国のオリーブを合わせるので、ニンニクは使わないで作る。タロ芋のほか、季節の野菜を合わせてアレンジもする。（作り方p.176）

鮑煮込み炒飯

材料

ジャスミンライス
干しアワビ煮*1
干しタコ
干し貝柱
卵
鶏モモ肉
チャーシュー
椎茸
タケノコ
干しアワビの煮汁
白湯
鶏ガラスープ
鶏油
オイスターソース
醤油
紹興酒
塩
胡椒
水溶き片栗粉
鶏油

*1
干しアワビ煮
■材料
干しアワビ
鶏ガラ
モミジ
ねぎ
生姜
エシャロット
■作り方
1 干しアワビを水に浸けてから、3~4時間炊く。
2 ねぎ、生姜、エシャロットを炒め、水と鶏ガラ、モミジを合わせてスープを作る。
3 鶏ガラのスープを土鍋に入れ、炊いたアワビを2~3日煮る。煮汁ごと使う。

鶏モモ肉の下味

卵
塩
紹興酒
日本酒

1

干しタコ（写真上）は、水に浸して1時間ほど蒸して、皮と吸盤を取って、野菜と同じ大きさにみじん切りにする。

2

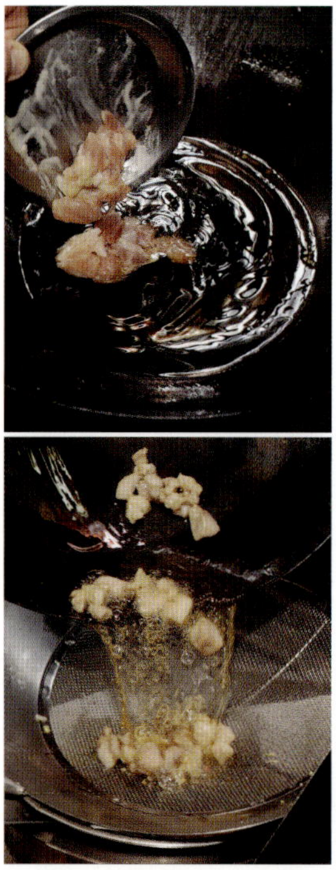

鶏モモ肉は細かく切り、下味を付けて揚げる。

3

鍋に油をなじませ、溶き卵を入れ、炊いたジャスミンライスを加えて炒め合わせる。軽く塩をして鍋から出す。

4

鍋に鶏油を熱し、オイスターソース、醤油、紹興酒、鶏ガラスープ、白湯、アワビを炊いたものの煮汁ごと加え、椎茸、タケノコ、チャーシュー、干し貝柱のみじん切り、揚げた鶏肉を合わせる。

5

塩、胡椒、醤油で味を調え、水溶き片栗粉でとろみをつけたら、ジャスミンライスを戻して合わせる。

6

ジャスミンライスに汁気を吸わせながら、鍋肌に鶏油をたらす。鍋肌に焦げができ、その香ばしさをまとわせたら皿に盛り付ける。

五目野菜の湯葉巻き

材料

湯葉
干し椎茸
キクラゲ
黄キクラゲ
春タケノコ
人参
砂糖
塩
醤油
胡椒
紹興酒
水溶き片栗粉
ねぎ油
ごま油
レタス
玉ねぎ
赤玉ねぎ

衣
小麦粉
水
ベーキングパウダー

1

春タケノコはせん切りにし、キクラゲと黄キクラゲと茹でる。

2

戻した干し椎茸、人参はせん切りにして、ねぎ油で炒める。

3

茹でたタケノコとキクラゲを合わせたら、紹興酒と水と椎茸の戻し汁をひたひたになるくらい加える。

4

醤油、胡椒、砂糖で味付けする。味は薄めに付け、水溶き片栗粉でとろみを付けたら、ねぎ油とごま油を鍋肌にたらして、鍋のまわりが焦げるくらいまで火にかける。

5

取り出して、乾きやすいのでラップをして冷ます。

6

湯葉を広げ、四辺の縁に水で溶いた小麦粉を塗る。手前半分に炒め煮した野菜を広げる。

7

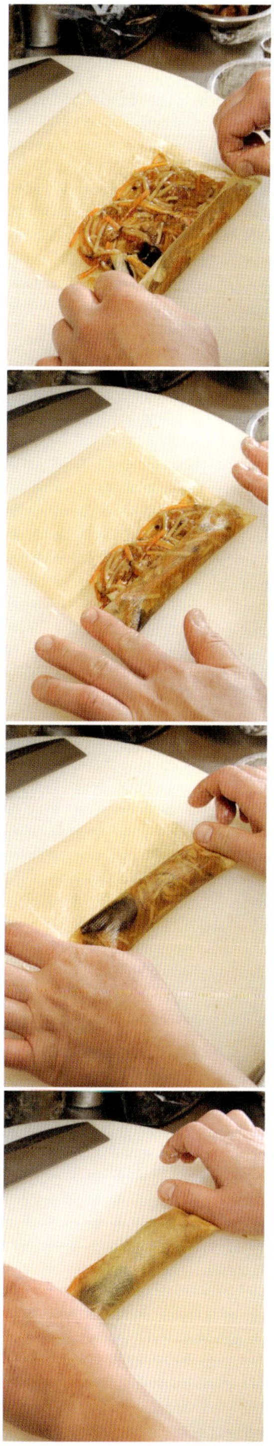

手前から⅓ずつ折りたたんで、両端はしっかりくっつけながら巻いていく。

8

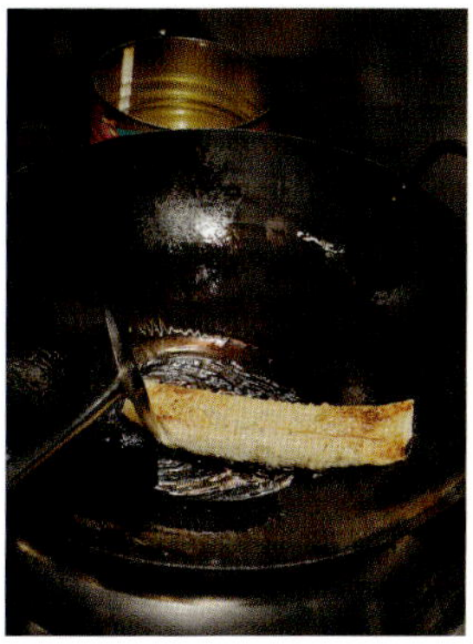

鍋に多めのねぎ油を熱し、巻いた湯葉を、閉じたところを下にして焼き始め、両面を焼いて取り出す。

9

鍋にねぎ油を熱し、紹興酒、水、椎茸の戻し汁、醤油、砂糖、塩を加えて沸かす。弱火にし、湯葉を戻して裏と表、5分ずつ炊く。出して冷ます。

10

冷ました湯葉の表面の水分を取り、小麦粉を水で溶いて少しのベーキングパウダーを加えたゆるい衣を付け、強火で表面がカリッとなるように揚げる。

11

皿にレタス、玉ねぎスライスを敷き、切った湯葉巻きを盛り付ける。

1

乾燥の夏花草は1日水に浸けて戻す。写真下がもどしたもの。

2

タロイモは食べやすい大きさにして揚げる。

豚バラ肉とタロ芋、中国オリーブ蒸し

材料

豚バラ肉
タロイモ
中国オリーブ（半生）
夏花草（乾燥）
万能ねぎ
生姜
砂糖
紹興酒
塩
胡椒
オイスターソース
醤油
ごま油
片栗粉
ねぎ油

3

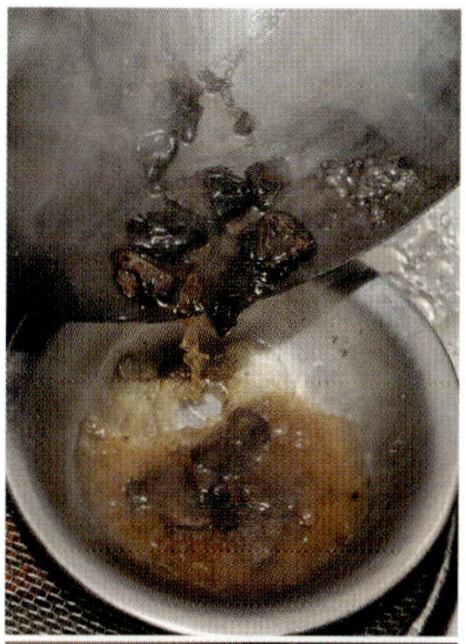

半生の中国オリーブは砂糖と紹興酒を加えた湯でひと煮立ちさせて取り出す（写真下は茹でる前の半生の中国オリーブ）。

4

豚バラ肉は薄切りにし、塩、紹興酒、胡椒、オイスターソース、醬油、ごま油と合わせてもんで下味を付ける。

5

下味を付けた豚肉に、戻した夏草花、揚げたタロイモ、万能ねぎぶつ切り、生姜のせん切りを混ぜ合わせる。混ぜたら、片栗粉を加えてまとめ、水気を切って半分に切った中国オリーブを半分混ぜる。

6

器にくっつかないよう、ねぎ油を塗って5を盛り付けて、残りの中国オリーブを上に見栄えよく並べて10分蒸す。

7

蒸したら、上にねぎと生姜のせん切りを飾って提供する。

美食天堂
金威《カムイ》

「南国酒家」「横浜グランドインターコンチネンタルホテル」「広東名菜 赤坂璃宮」「東京全日空ホテル」などで修業し、その後、『神田　雲林』で店主の成毛幸雄氏に師事、薫陶を受ける。

代表
福田篤志

活きのアワビ、魚介で親しみやすい料理を

店主の福田篤志シェフは、修業経験の長い広東料理をベースに、独立前に薫陶を受けた『神田 雲林』の上海料理も交え、中国の代表的な銘菜やその地域でしか食べられていない地方料理も提供。日本の四季折々の旬食材を使ってメニュー作りをするようにしている。

東京・下北沢という、若者が多く、近隣には住宅地も広がっている地域の、駅から続く商店街にあって、季節感のあるメニューと、よく知られた中国料理だが新しさも感じる料理を提供している。

たとえば、「地蛤と新生姜とアサリのふわっトロ炒飯」(p.180)のように旬の食材を組み合わせて春を味わえる炒飯にしたり。親しまれている春巻きも、「フォアグラ、里芋、松の実の春巻き」という、「どんな春巻きだろう?」と興味がわく新しさを加えたものも出す。

焼売も、「鮑と熟成黒にんにくの焼売」(p.181)のほかに、「ラム肉と揚げガーリックの焼売」、「ふきのとうと豚肉の焼売」なども出す。これらを「自家製焼売三種の食べ比べ」というメニューでおすすめメニューにすることもある。

使う魚介は、活きのものを使うようにし、市場に仕入れに行く。誰もが高級食材としてイメージするアワビは、仕入れるサイズを工夫して、手頃な値段で提供できるようにし、「本日のおすすめ」の黒板メニューに加えるほか、コース(飲み放題付きで6500円より)にはアワビを使った前菜を入れるようにしている。

また、仕入れてきた鮮魚は、店のフェイスブックを通じて告知もする。たとえば、「本日、長崎産の鯖のマカオ風オーブン焼きを出します」、「本日から地蛤、蝦夷アワビ、メヌケ、ハタハタ、赤貝を使います」、「本日、長崎産の高級魚アカムツの紅酒豆鼓煮込みあります」などと。フェイスブックでは、週替わりのつゆそば、日替わりランチの内容の告知もし、フェイスブックを見て来店する若者は多い。

飲み放題付きのコースは4500円から用意し、飲み放題メニューには、ハートランド(瓶)と5年熟成カメ出し紹興酒を加えて、おいしいものを求める年配の客層の評判を呼んでいる。

2016年6月オープン。東京・下北沢の駅から続く商店街の通りの2階に立地する。カウンター5席とテーブル席の構成。

住所／東京都世田谷区北沢2-14-3　喜多ビル2階
電話／03-6450-8876
営業時間／平日11:30~15:00、17:30~23:00(L.O.22:30)、土曜日・日曜日・祝日11:30~23:00(L.O.22:30)
定休日／火曜日
規模／12坪・18席
客単価／昼1200円　夜5000円

骨付きラムチョップの北京風香草クミン炒め
孜然肥羊排骨

クミン、カレー粉、一味唐辛子などで作る混合スパイスに漬けた骨付きラムチョップを野菜とともに椒塩で炒めて香り高く仕上げる。合わせる野菜は山芋、万願寺唐辛子、アワビ茸。ラムチョップは穀物飼育のクセのないものを選んだ。骨付きラムチョップは混合スパイスに漬けてから小麦粉をまぶして多めの油で両面を焼く。ラムチョップの表面を焼き固めることで、野菜と炒めるときに肉汁が出ないようにし、中はレアに仕上げる。片栗粉ではなく小麦粉をまぶすことで、西洋料理風にも感じる味わいを出した。（作り方p.182）

地蛤と新生姜のふわっトロ炒飯

炒飯

3月に「おすすめメニュー」として提供した炒飯。3月が旬の新生姜と、同じく旬のハマグリを具にした。新生姜の爽やかな辛味を感じながら、ハマグリのだしがたっぷり染みた炒飯を味わってもらう。ご飯をハマグリとその蒸し汁とともに炒め合わせ、また、オクラの薄切りも具にするので、とろみのあるリゾット風の仕上がりになる。汁気の多いトロリとした炒飯の中で、新生姜の角切り、マコモ茸の角切りの歯ざわりの対比が楽しい味わいにも。アサリのほか、ミル貝、ホッキ貝で作ることもある。（作り方p.184）

鮑と熟成黒にんにくの焼売
黒蒜鮑魚焼売

1個にエゾアワビを丸のまま1個使うご馳走感の高い焼売。アワビが1個入っていることが一目瞭然の包み方をするので、見た目のインパクトも大でインスタ映えがする。この焼売のサイズに合う、1個50 ~ 60gの活きのエゾアワビを仕入れて使っている。あんには黒ニンニクを入れてヘルシー感も高めた。黒ニンニクは粒のまま1つ入れて、食べたときに「これが黒ニンニクなの?」という発見ができるようにした。黒ニンニクは自家製。上湯をベースに、塩、三温糖、醤油で味付けした、フカヒレスープの味のようなあんをかけて提供する。(作り方p.186)

骨付きラムチョップの北京風香草クミン炒め

材料（1皿）

ラムラック…4本
山芋…適量
万願寺唐辛子…1本
アワビ茸…1/2本
葉ニンニク…15g
朝天唐辛子…4個
タカノツメ…4本
ニンニク（スライス）…1片
ローリエ…3枚
フェンネル…適量
香菜…5g
ごま…適量
孜然粉…適量*1
紹興酒…適量
ラー油…少々
椒塩…少々*2
小麦粉…適量
白絞油…適量

*1
孜然粉
■材料
クミン…15g
カレー粉…5g
一味唐辛子…40g
粗挽き黒胡椒…22g
塩…73g

*2
椒塩
■材料
塩…1kg
五香粉…20g
ガーリックパウダー…30g
一味唐辛子…25g
粗挽き黒胡椒…10g
胡椒…30g

1

ラムチョップは骨ごとに切り分けて、致然粉をまぶして1時間置く。

2

薄切りした山芋とアワビ茸、ぶつ切りにした万願寺唐辛子は油通しする。

3

孜然粉に浸けたラムチョップに、まんべんなく小麦粉をまぶす。鍋に多めの白絞油を入れて、弱火にかけ、小麦粉をまぶしたラムチョップを重ならないように並べて両面を焼く。

4

ラムチョップの両面を焼いたら油を足してひたひたにし、中がレアな状態で取り出す。

5

鍋に油をなじませ弱火にかける。ローリエ、朝天唐辛子、タカノツメを加えて香りが立つまで炒める。

6

続いてニンニクスライス、葉ニンニクを加えて炒め、ごま、フェンネルを合わせて炒める。

7

紹興酒を鍋肌に注いで、1の野菜と4のラムチョップ、香菜を入れて鍋をあおって合わせる。

8

椒塩を3、4回にわけてふって合わせ、ラー油をかけて仕上げる。

地蛤と新生姜のふわっトロ炒飯

材料

ご飯…220g
新生姜…20g
地ハマグリ…4個
オクラ…3本
マコモ茸…20g
卵…2個
オイスターソース…少々
ねぎ…20g
塩…適量
うま味調味料…適量
白絞油…適量

1

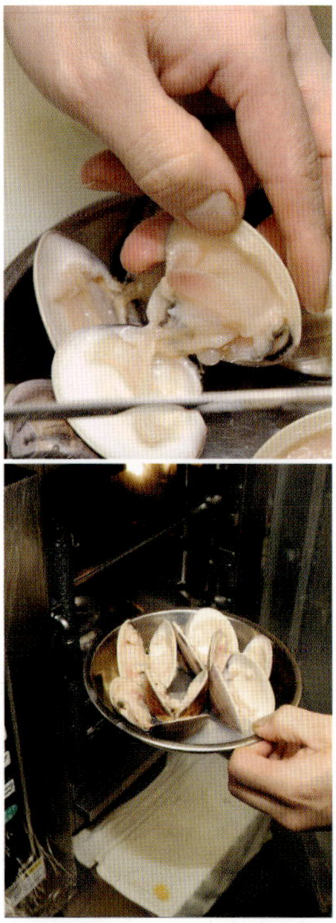

ハマグリはナイフで開いて、スチコンのスチームモード、100℃で3分蒸す。蒸し汁も使う。

2

マコモ茸は角切りに、オクラは薄切りにし、さっと塩茹でする。

3

鍋に油を熱し、溶き卵を流したら、すぐにご飯を入れて、炒め合わせる。

4

粗く切った新生姜、みじん切りのねぎを加えて炒め、塩を加える。

5

オイスターソースを少々加えて合わせ、茹でたマコモ茸とオクラを炒め合わせる。

6

ハマグリを殻付きのまま、蒸し汁とともに加えて手早く全体を炒め合わせる。

7

蒸し汁を少し詰め、とろりとした感じで糸引くようになったら止める。

鮑と熟成黒にんにくの焼売

材料(30個分)

エゾアワビ…30個
(1個50~60gサイズ)
生ホタテ…300g
背脂…250g
干し椎茸(戻したもの)…50g
豚モモ肉…450g
黒ニンニク…30粒
塩…8g
グラニュー糖…12g
胡椒…少々
ごま油…少々
片栗粉…12g
焼売の皮…30枚

タレ

排翅湯＊1
紹興酒
塩
うま味調味料
三温糖
中国醤油
水溶き片栗粉
ねぎ油

＊1
排翅湯
■材料
老鶏…6kg
豚モモ肉…3kg
金華ハム…500g
中華スープ…8ℓ
粒胡椒…3g

1

あんを作る。豚モモ肉、背脂は7ミリ角に切る。ホタテ、戻した干し椎茸はみじん切りにする。

2

塩、砂糖、胡椒、ごま油を加えてしっかりと混ぜ合わせる。

3

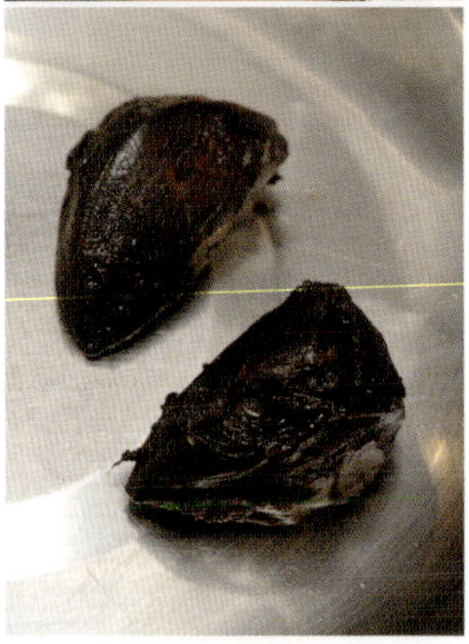

黒ニンニクは外の皮を取って、粒に分ける。

4

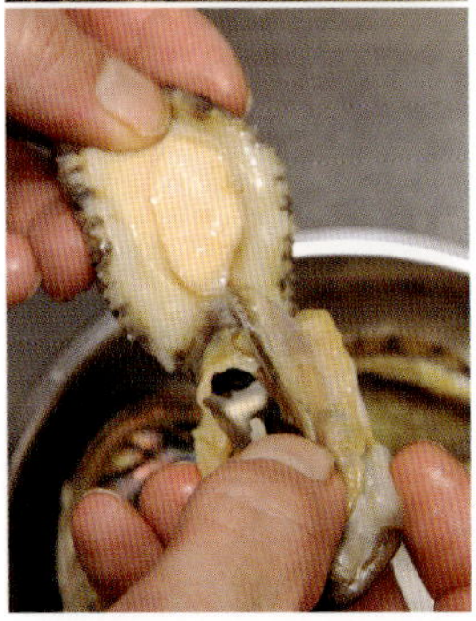

エゾアワビはスポンジでよく粗い、3分半蒸す。蒸したら殻からはずし、くちばしと肝を外す。

5

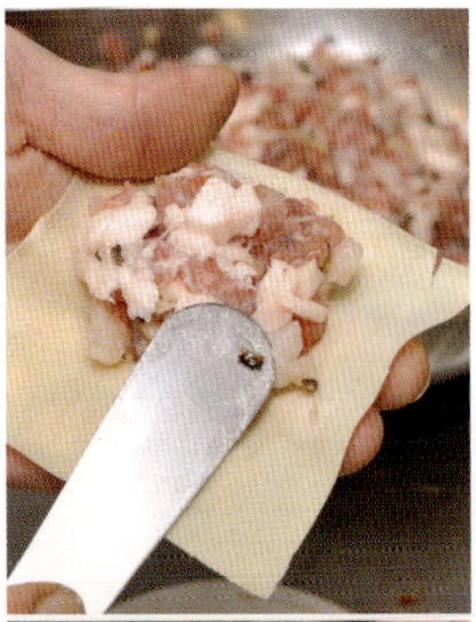

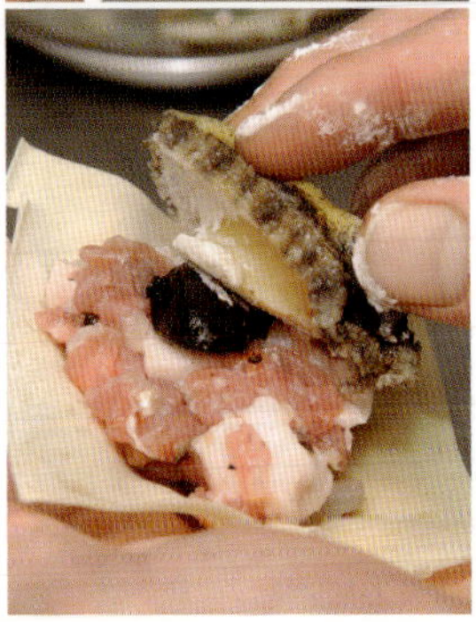

焼売の皮を広げて、あんを45g、中央にのせる。その上に黒ニンニクを1粒をのせ、エゾアワビの裏に片栗粉を付けて黒ニンニクの上にのせる。

6

上からヘラで押さえながら、まわりを皮で包んで、エゾアワビの形に合わせて整える。

7

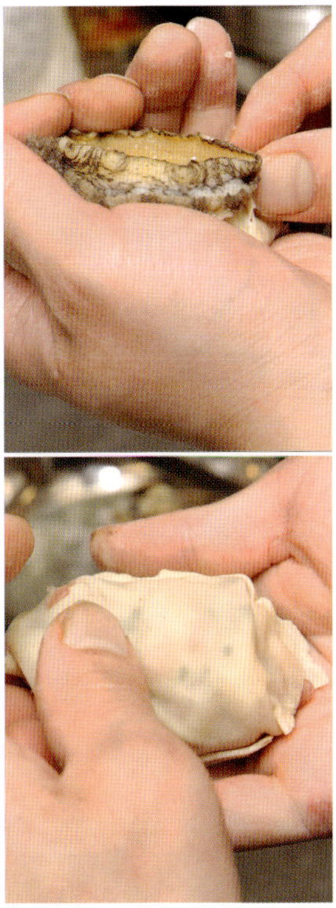

軽く握り、ひっくり返して、軽く握り、皮とエゾアワビとあんを密着させる。

8

エゾアワビが見える側を下にして皿にのせ、10分蒸す。

9

タレを作る。上湯と紹興酒を合わせて沸かす。塩、うま味調味料、三温糖で味付けし、色付け程度に中国醤油を加える。水溶き片栗粉でとろみをつけ、ねぎ油をたらす。

10

蒸し上がった焼売に熱いタレをかけて提供する。

四川家庭料理

中洞 ナカホラ

店主

中洞新司

中華料理店『南国酒家』、神楽坂の『芝蘭(チーラン)』を経て、1年半、四川省の成都へ留学。帰国後『芝蘭(チーラン)』に料理長として復帰し、2018年8月に同店をオープン。

「おいしい辛さ」を追求した本格四川料理を

店主の中洞シェフは、東京・神楽坂の人気店『芝蘭』を経て、四川省成都で学んだ。本場での修業が、店のテーマである「四川家庭料理」に反映されている。独立開業の地を選んだのも、繁華街ではなく、住宅地を控えた静かな通り沿い。

開業に当たり、店の信条として挙げたのは、次の4項目。

咸鮮醇香(しっかりした下味がコクと香りを生む)

微辣不燥(程良い辛さで汗をかき、余分な湿気や毒素を排出する)

香気四溢(良い香りが辺りに漂う)

百吃不厭(何度食べても飽きない)

この四か条はメニューブックの最初のページに掲げている。

また、メニューブックで同じく最初のページで看板料理としてのせているのは、「やわらか蒸し鶏　濃厚旨辛ダレ」、「豚スペアリブの煮込み」、「中洞特製麻婆豆腐」、「唐辛子、肉そぼろ和え麺」。四川料理をテーマにしているが、辛い料理はメニュー全体の半分くらいに抑え、辛い料理であっても、「おいしい辛さ」を追求している。このことが、近隣の年配の客層の評判を呼んでいる。

さらに、うま味調味料を使わないことを店頭でもうたった。

旨味を補うためには、「メバルの発酵野菜煮込み」(p.190)のように、自家製の泡菜や泡菜の汁を調味料的に使用したり、また、「豚脂とキャベツの家庭風炒め」(p.189)のように豚肉を香辛料で漬けてから調理したりして、うま味調味料を使わなくても、深くてキレのある料理を構築している。開業以来、小さな子供づけでランチに来る主婦や、家族で夕食に来るお客を増やしている。

自家製の香味油のほか、自家製ラー油も、中国からの唐辛子を3種類漬けて芳醇で風味豊かに仕上げている。

中洞シェフ自らが描いた客席の壁の水墨画のようなパンダの絵、そしてメニューブックにのせた料理のカラフルなイラストも中洞シェフが描いたもので、子供連れや年配のお客に好評。写真を撮ってSNSに投稿する人も多い。

静かな住宅地を控えた立地に2018年8月にオープン。子供連れ、ご年配のお客が多い。壁のパンダの絵は店主の中洞さんが描いた。

住所／東京都文京区千石4-43-5　ラピュタ千石大武ビル1階
電話／03-5981-9494
営業時間／11:00~14:30 (L.O.14:00)、17:00~21:45(L.O.21:00)
定休日／月曜日(祝日の場合は営業し、翌火曜日休み)
規模／17坪·26席
客単価／昼1000円　夜3500円

豚脂とキャベツの家庭風炒め

油渣莲白

豚肉は国産を使用。塩や香辛料で漬けた豚バラ肉の、脂身のところをキャベツと炒める。脂身だけを使うが、豚バラ肉のかたまりごと漬けたほうが脂身に肉のおいしさも加えることができる。四川の家庭で親しまれている、身近な材料で作れるシンプルな料理だが、山椒やフェンネルなどを合わせる自家製の香味油で炒めて風味を高め、また、生姜とニンニクと青唐辛子は薄切りにして合わせて、食べたときのアクセントに。大きくちぎったキャベツは、焼くように炒めて、香ばしく焼けた部分を作り、一枚のキャベツの葉にも味わいの違いを表現した。（作り方p.192）

メバルの発酵野菜煮込み

泡菜焼魚

メバルを、メバルのアラから取るだしとともに泡菜の塩気と酸味でさっぱりと味わってもらう。自家製の泡菜は、大根と白菜の泡菜とその汁、ササゲの泡菜の汁を使う。ササゲの泡菜の汁は酸っぱさが特徴。メバルは刺身でも食べられるものを使い、身がやわらかいので塩でしめてから厚めに切って炊く。濃い目の水溶き片栗粉をメバルにからめて炊くことで、メバルに火が入り過ぎないようにし、鮮度のいいメバルなのでレアなところを残して仕上げている。この料理は、メバルのほか、川魚、赤身の魚でも応用できる。（作り方p.194）

手裂き鶏
手撕鸡

鶏ムネ肉はたんぱくなので、スパイスは控えめに1種類で、塩とフェンネルで漬ける。その鶏ムネ肉を低温のオーブンで焼いて作る冷菜。漬けて焼くだけの非常にシンプルな料理ながら、味わいを良くする工夫をする。鶏肉と合わせるフェンネルは鶏肉にもみ込む直前に包丁で刻んで、香りが出ているときに鶏肉にまとわせる。自然なやさしい食感を出すために焼いた鶏ムネ肉は手で裂いて、鶏肉の繊維を残す。皮のところもおいしいので包丁で細く切って和える。冷やして味が落ち着いたら、塩で調整し、香味油でしっとり感を調える。（作り方p.196）

豚脂とキャベツの家庭風炒め

材料

豚バラ肉の脂身
キャベツ
塩
青唐辛子（薄切り）
生姜（薄切り）
ニンニク（薄切り）
香味油＊1
紹興酒
濃口醤油

豚バラ肉の漬け込み材料
塩…肉の重量の2.5%
八角
桂皮
ローリエ
山椒

＊1
香味油
ねぎ、生姜、香菜の根、セロリの葉、ピーマンのヘタ、山椒、フェンネルをサラダ油で炊いて香味を移したもの。

1

豚バラ肉を漬け込み材料を全体にすりこんでひと晩マリネする。脂身のところを切り分ける。

2

キャベツは大きくちぎり、軽く塩もみする。

3

鍋で香味油を熱し、豚脂身を炒める。

4

豚の脂が出てきたら、唐辛子、ニンニク、生姜の薄切りを加えて炒め、続いてキャベツを加え、すぐに紹興酒をふり、塩、醤油を加えて炒め合わせる。

5

仕上げに香味油をかけ、盛り付ける。

1

メバルは三枚におろす。身がやわらかいので、塩・胡椒をしてひと晩冷蔵して、出てくる水分を取る。食べやすいように厚めに切る。

2

メバルのアラでだしを取る。アラは一度茹でこぼしてから炊く。香りと色でだしが出たのを確認して漉す。

メバルの発酵野菜煮込み

材料

メバル
塩
胡椒
大根と白菜の泡菜*
ササゲの泡菜の汁
ねぎ
ニンニク(薄切り)
生姜(薄切り)
ねぎ油
水溶き片栗粉
香味油

＊大根と白菜の泡菜

3

ねぎ油でニンニク、ねぎ、生姜を炒め、大根と白菜の泡菜を合わせて炒める。

4

泡菜の汁、ササゲの泡菜の汁（酸っぱい）メバルのだしを加えて炊く。出てくるアクは取る。

5

メバルの切り身を、濃い目の水溶き片栗粉と合わせてもんで、鍋に入れてさっと煮る。完全に火が通らない、半生に煮る。

6

香り付け程度に香味油をかけて、盛り付ける。

手裂き鶏

材料

鶏ムネ肉…280g
塩…7g（鶏肉の重量の2.5%）
フェンネル（粉末）…小さじ1
香味油

1

塩と、直前に刻んだフェンネルを鶏ムネ肉にもみ込んで、ひと晩置く。

2

110℃のオーブンで40分加熱する。途中で鶏肉はひっくり返す。

3

オーブンから出したら、肉と皮と分けて、肉の部分は温かいうちに細長く手で裂く。

4

鶏皮は包丁で細く切り、裂いた肉と混ぜる。

5

冷やして味を落ち着かせてから、塩で味を調え、香味油を加えてしっとりさせて提供する。

郷村菜 蔬菜

蓮香

レンシャン

東京・麻布十番の中国少数民族料理『ナポレオンフィッシュ』でシェフを務めた後、2017年12月に独立。

シェフ

小山内耕也

中国の田舎の料理、野菜料理をテーマに

店主の小山内耕也シェフが店のテーマにするのは、中国の少数民族料理。中国少数民族料理とは、具体的には、中国奥地の土着の民族が代々、家々で作ってきた発酵食品を使った、普段食べる野菜の料理や、その土地の家庭料理のこと。保存のためにも漬物にしたり発酵させたものを調理に使ったり、その発酵したものや汁を調味料として使ったり。『蓮香』のメニューは、端的に言えば「発酵をテーマにした中国料理」だ。

料理は、おまかせコース(5900円)のみで、11品前後を提供する。

ある日の黒板メニューに案内されたコースに出る品は、「豆腐の桂林醤煮込み」(広西チワン族自治区桂林市の豆腐料理)、「湖北のオムレツ　名物百花菜入り(湖北省の卵料理)、鉢鉢鶏(四川省自貢市の料理)、「ウニの押し湯葉　木姜子風味」(貴州省の料理)、腸詰め蒸し(雲南省西双版納タイ族自治州の料理)などなど。

中国料理を食べなれた人でも聞いたこともない料理が並ぶ。また、湖北省、雲南省、四川省自貢市、貴州省など、中国に何度も行ったことがある人でも、なかなか行かない、また行こうともしない地域の郷土料理をおまかせで提供している。

今回、紹介する「発芽大豆、雲南プーアル茶サクサク炒め」(p.200)、「包浆豆腐」(p.201)をコースで提供した3月のほかの料理は、「クレソンと傣族の干し肉トマトサラダ」、「鶏肉の傣族スパイス腐乳蒸し」、「雲南ポルチーニ入り春巻き」、とうもろこしの葉　怪味ソースがけ」、「エビと色々キノコ　バナナリーフ包み焼き」などなど。料理名にある「傣族」は雲南省の少数民族。このときは、シェフが雲南省に行った後だったために、雲南の料理が多かったというわけだ。

このように、小山内シェフは年に何度か中国の田舎を訪問し、そこで料理を学んで、それを帰国したら早々にメニューに反映させる。

また、訪れる先から伝統発酵調味料を仕入れてくる。その発酵食品に野菜などを漬けてオリジナルの発酵食品づくりもし、それを調味料としても活用している。

最寄りの白金高輪駅より徒歩10分。おまかせコース5,900円のみ。ワインや紹興酒などのアルコール類はボトル1本2900円均一で、お客が冷蔵庫から出して楽しむスタイルという気軽さも魅力に。

住所／東京都港区白金4-1-7
電話／03-5422-7373
営業時間／18:30~23:00(L.O.22:00)、
土曜日、日曜日、祝日は18:30~22:30(L.O.21:30)
定休日／不定休
規模／17坪・20席
客単価／8000円

アイナメの山黄皮蒸し

山黄皮蒸魚

中国南部・広西チワン族自治区の料理。山黄皮はミカン科の小粒の実で、これを塩漬けにした保存食。塩味の中に爽やかな後味が残るのが特徴で、これを蒸し魚の調味料として活用した。この料理は開いたアイナメに塗って蒸し、仕上げにねぎをのせて熱した油をかけたもの。シンプルな料理ながら、塩漬け山黄皮の独特の香味と爽快味でアイナメを深い味わいにする。魚一尾を調理するメニューは、4名様からの予約の特別メニューとして提供する。この調理法で、ナマズも合う。（作り方p.202）

発芽大豆、雲南プーアール茶 サクサク炒め
普耳酥豆牙

サクサクと、ポリポリの歯触りと香味を味わう前菜。プーアール茶の茶葉のサクサクした味わいを楽しんでもらうよう、茶葉が大きい最上級のプーアール茶を使用。茶葉は発芽大豆とともに揚げてから炒め合わせる。発芽大豆も店で作っている。味付けは、クミンやコリアンダーなどの20種類のスパイスを混ぜた、羊の串焼きに使うものに似たミックススパイスで。ミックススパイスに含まれる塩を溶かすイメージで鍋をあおって混ぜ、最後に鍋肌に黒酢をたらして香りをまとわせ、白ごまをふって仕上げる。（作り方p.204）

包浆豆腐

雲南省の田舎の豆腐料理。豆腐も枝豆も身近な食材ながら、漬けて発酵させたものを合わせることで、独特の香味と酸味と塩味を醸す、深い味わいになる。にがりではなく石膏粉で作る中国式の豆腐を店で作り、泡菜の汁と塩水を合わせたものに漬けて軽く発酵させる。この発酵豆腐を塩抜きして水切りして表面を焼いたものを、スープや醤油で少し煮てふっくらと調理する。枝豆の唐辛子漬けは、雲南省で買ってきた泡辣椒にニンニク、生姜、青唐辛子漬け、その汁に塩を加えて生の枝豆を1か月ほど漬けたもの。（作り方p.206）

アイナメの山黄皮蒸し

材料

アイナメ
塩漬け山黄皮
紹興酒
ねぎ(みじん切り)
唐辛子
香菜
ねぎ油
蒸し魚のタレ＊1

＊1
蒸し魚のタレ
醤油にシーズニングソースなどを合わせたタレ。

1

山黄皮の塩漬けは、種を除いて包丁でたたいて細かくする。飾り用に粒のままのを残しておく。

2

アイナメは内臓を取って開いて皿にのせる。紹興酒をふりかけ、細かくたたいた山黄皮の塩漬けを塗り、飾り用の山黄皮の粒を散らしてのせる。

3

12分蒸す。蒸し汁が多く出たら、キッチンペーパーで吸い取る。

4

ねぎのみじん切りを散らし、熱したねぎ油をかける。

5

温めたタレをかけ、みじん切りの唐辛子とねぎをかけ、香菜を飾る。

発芽大豆、雲南プーアール茶
サクサク炒め

材料

発芽大豆
紹興酒
コーンスターチ
白絞油
プーアール茶の茶葉
生姜(みじん切り)
ミックススパイス*1
香菜
黒酢
白ごま

*1
ミックススパイス
塩とクミン、コリアンダー、フェンネル、山椒、胡椒などを混ぜたもの。

1

プーアール茶の茶葉はお湯に浸して戻す。

2

発芽大豆に紹興酒をまぶしてコーンスターチの衣を付ける。

3

油を熱し、大豆を揚げる。続いてプーアール茶の茶葉を揚げる。茶葉が開いたら取り出す。

4

油の温度を上げて、大豆と茶葉を戻して表面をカリッとさせて取り出し、油を切る。

5

鍋に油をなじませ、生姜みじん切りを炒め、揚げた大豆と茶葉を加え、さっとあおる。

6

鍋をふりながらミックススパイスをかける。塩を溶かすイメージで鍋をあおり、香菜のみじん切りを加える。

7

鍋肌に黒酢をかけ、酢を飛ばすように鍋をあおって、白ごまをふって盛り付ける。

包浆豆腐

材料

包浆豆腐＊1
枝豆の唐辛子漬け＊2
泡辣椒
ニンニク(スライス)
青唐辛子(スライス)
万能ねぎ
紹興酒
スープ
混合醤油＊3
黒酢
ラー油
香菜

＊1
包浆豆腐
塩水と泡辣椒の汁を同割で合わせ、自家製豆腐を漬ける。

＊2
枝豆の唐辛子漬け
雲南の泡辣椒に塩水を加え、ニンニク、生姜、青唐辛子を漬けた汁に塩を足して、生の枝豆を1か月ほど漬けたもの。

＊3
混合醤油
シーズニングソースをベースに醤油を加えたもの。

1

自家製豆腐を塩水と泡辣椒の漬け汁に漬けて軽く発酵させたものを、塩抜きし、水切りをして焼く。

2

鍋に油を熱し、ニンニクを炒めて香りを出す。続いて枝豆の唐辛子漬けと泡辣椒を入れて炒める。

3

青唐辛子、焼いた包浆豆腐を加えて鍋をふって合わせる。

4

鍋肌に紹興酒をふり、スープを少し加えて、混合醤油を加えて少し煮込む。

5

豆腐がふっくらしてきたら、ぶつ切りにした万能ねぎを入れ、フタをして強火で炊く。

6

汁けがなくなってきたら、鍋肌に黒酢とラー油をかける。

7

鍋をまわして酢を飛ばして皿に盛り付ける。香菜、枝豆の唐辛子漬けを飾る。

人気の中国料理
評判店の味づくりと技法

発行日　2019年6月25日　初版発行

編　者　旭屋出版 編集部(あさひやしゅっぱん へんしゅうぶ)
発行人　早嶋　茂
発行所　株式会社旭屋出版
東京都新宿区愛住町23-2 ベルックス新宿ビルⅡ 6階 〒160-0005
電話 03-5369-6423(販売)
03-5369-6424(編集)
FAX 03-5369-6431(販売)
旭屋出版ホームページ　http://www.asahiya-jp.com

郵便振替　00150-1-19572

◉取材・編集　井上久尚　佐藤良子
◉デザイン　冨川幸雄(スタジオフリーウエイ)
◉撮影　後藤弘行　曽我浩一郎(旭屋出版)　川井裕一郎　野辺竜馬　平賀 元　渡部恭弘

印刷・製本　株式会社シナノ

ISBN978-4-7511-1382-0　C2077